PARA

DE

DATA

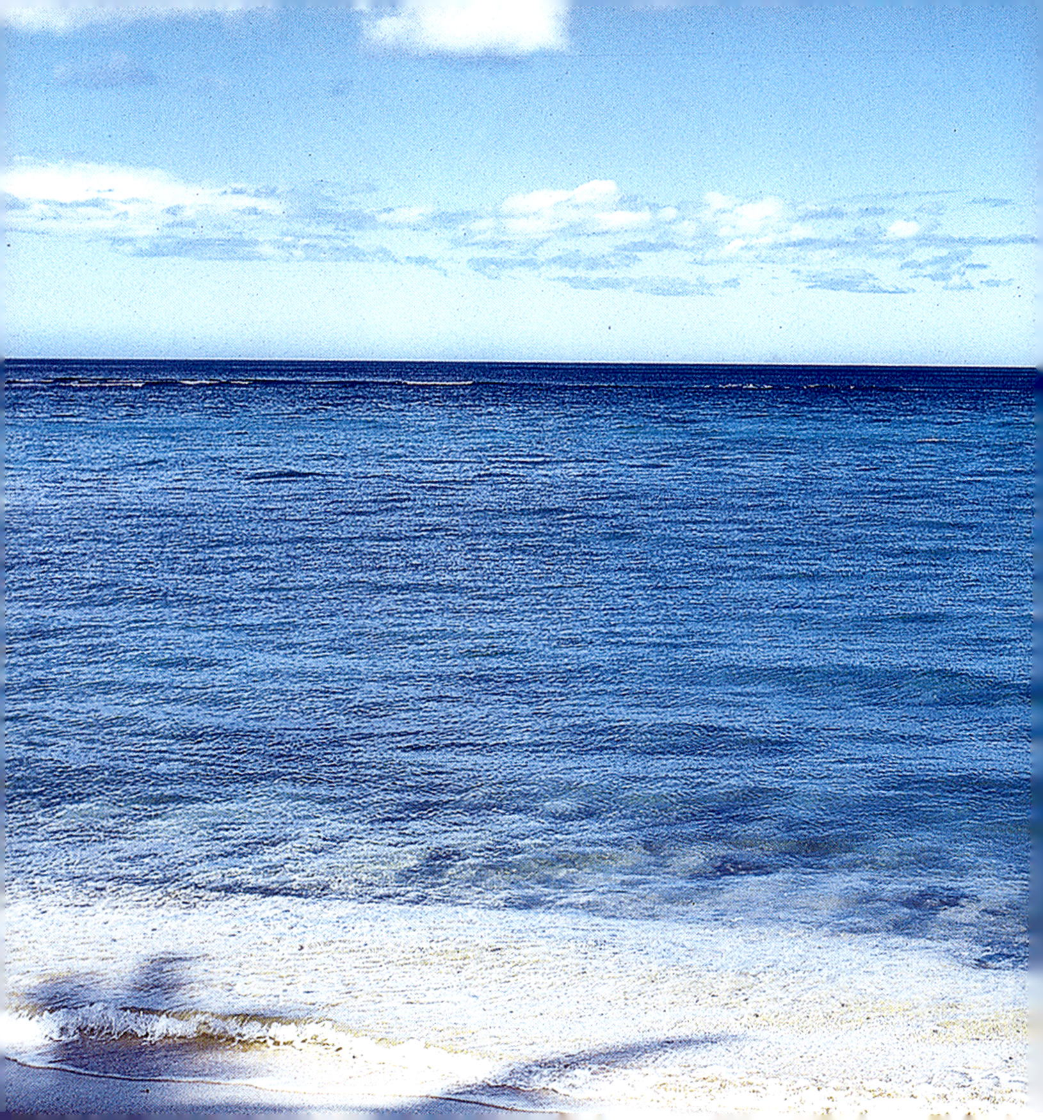

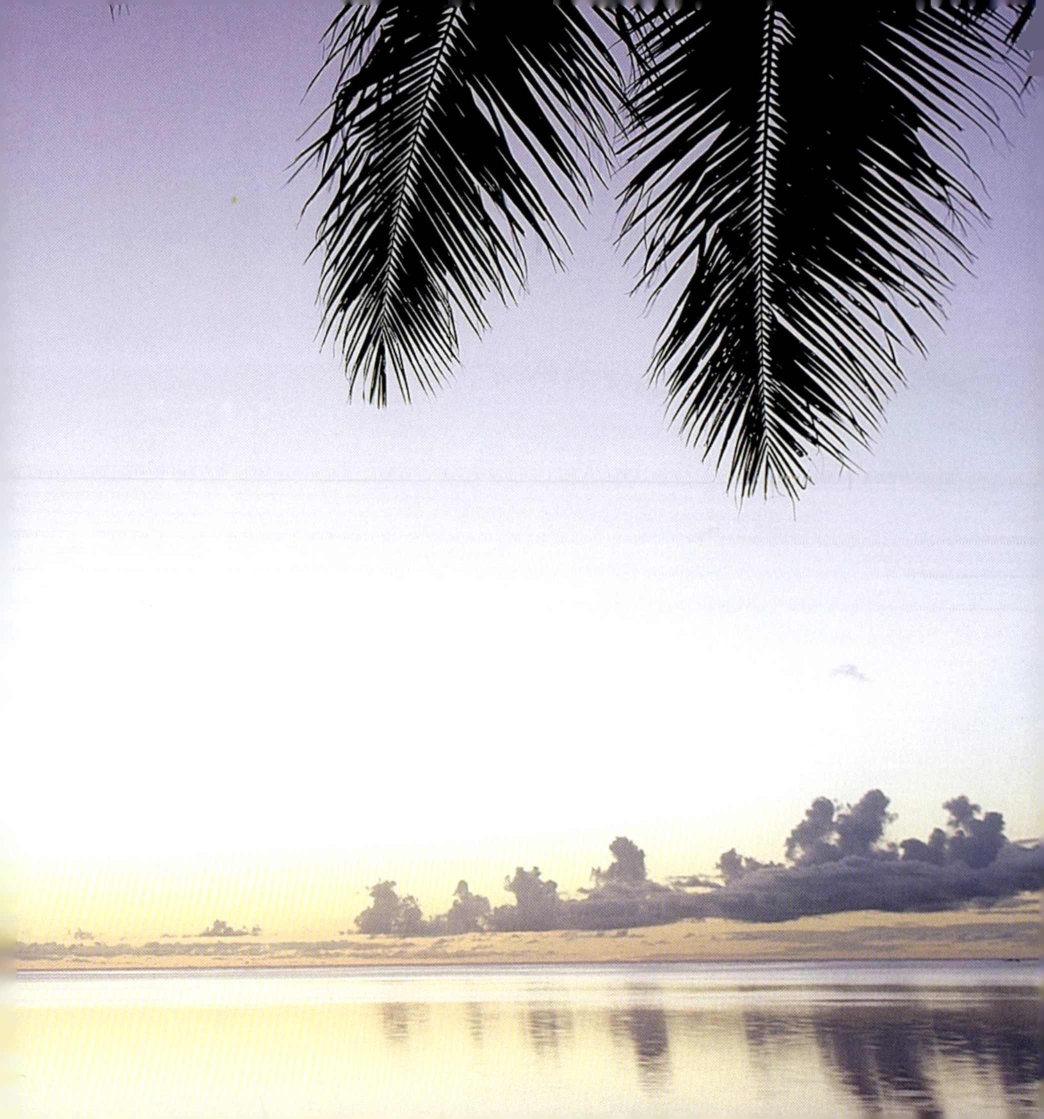

reflexões e pensamentos
para se obter uma vida com harmonia e felicidade

SÓ DEPENDE DE VOCÊ

Joel Osteen

LAROUSSE

Título original: *Scriptures and Meditations for Your Best Life Now*
Edição original publicada por FaithWords, Nova York, NY, EUA.
Todos os direitos reservados.

Copyright © 2006 by Joel Osteen Publishing
Copyright © 2007 by Larousse do Brasil

DIREÇÃO EDITORIAL Soraia Luana Reis
EDITOR ASSISTENTE Isney Savoy
ASSISTÊNCIA EDITORIAL Leila Toriyama
COORDENAÇÃO E PREPARAÇÃO DE TEXTO: Miró Editorial
CONSULTORIA Rev. Eber Cocareli
REVISÃO Vilma Baraldi, Eliel Silveira Cunha e Carla Bitelli
EDITORAÇÃO ELETRÔNICA Pólen Editorial
CAPA SGuerra Design
GERENTE DE PRODUÇÃO Fernando Borsetti

Dados Internacionais de Catalogação na Publicação (CIP)
(Câmara Brasileira do Livro, SP, Brasil)

Osteen, Joel
  Só depende de você / Joel Osteen; [tradução Lucimeire Vergilio Leite]. – São Paulo: Larousse do Brasil, 2007.

  Título original: Scriptures and meditations for your best life now
  ISBN 978-85-7635-261-7

  1. Auto-imagem (Psicologia) - Aspectos religiosos - Cristianismo 2. Sucesso - Aspectos religiosos - Cristianismo I. Título.

07-5461   CDD-248.4

Índices para catálogo sistemático:
1. Felicidade : Vida cristã : Cristianismo 248.4

A tradução das citações bíblicas tem por referência a Edição Contemporânea da Bíblia de Almeida (ECA). Copyright © 1990, por Editora Vida.

1ª edição brasileira: 2007

Direitos de edição em língua portuguesa para o Brasil adquiridos por
Larousse do Brasil Participações Ltda.
Rua Afonso Brás, 473, 16º andar – São Paulo/SP – CEP 04511-011
Tel. (11) 3044-1515 – Fax (11) 3044-3437
E-mail: info@larousse.com.br
Site: www.larousse.com.br

ÍNDICE

Introdução	11
Amplie sua visão	12
Comece a crer mais	15
Mude sua forma de pensar	17
Com Deus ao seu lado	19
Aumente suas expectativas	21
Pare de impor limites a Deus	23
Rompa as barreiras	25
Deus abrirá as portas para você	27
O poder de uma atitude de fé	29
Nunca subestime a graça de Deus	31
Crie uma auto-imagem saudável	32
Criado à imagem de Deus	35
Deus o vê como um vencedor	36
Seja forte e corajoso	39
Seja uma pessoa proativa	41
Você é filho do Deus Altíssimo	42
Torne-se aquilo em que você acredita	45
Olhe com os olhos da fé	47
Seja você mesmo	48
Descubra o poder dos seus pensamentos e das suas palavras	50
O sucesso começa na sua mente	52
Reflita sobre seu pensamento	55
O que você pensa, você será	56
Cuide da sua mente	59
Transforme seu pensamento	61
O poder das suas palavras	62
O milagre em sua boca	65
Expresse palavras de fé	67
O poder da bênção	69
Deixe o passado para trás	70
Deixe pra lá	73
Livre-se do fardo	74
Levante-se e mexa-se	77
As perguntas com "por quê"	79
Adeus à amargura	80
Perdoe para ser livre	83
Faça o bem, ainda que doa	84
Caminhe sempre para diante	87

ENCONTRE FORÇA NA ADVERSIDADE … 88

Eleve-se internamente … 91
Encontre sua motivação no Senhor … 94
Um espírito determinado … 97
Confie no tempo de Deus … 99
Contente-se … 101
Deus vê mais amplamente … 102
Provações de fé … 105
Quando a vida não faz sentido … 107

VIVA PARA DOAR … 108

Fomos criados para doar … 111
Nada de "viajantes solitários" … 112
Siga o caminho do amor … 115
O amor vence o mal … 117
Mantenha o coração aberto … 119
A compaixão de Jesus … 120
Deus ama quem doa com alegria … 123
Doar chama a atenção de Deus … 126

ESCOLHA SER FELIZ … 128

A felicidade é uma escolha sua … 131
A alegria é sua força … 132
Seja uma pessoa excelente … 135
Seja uma pessoa íntegra … 137
Nunca subestime Deus … 139
Uma vida melhor já! … 140

INTRODUÇÃO

Desde a publicação de *Uma vida melhor já*, milhões de pessoas têm descoberto o que significa viver feliz, com sucesso e realização. A resposta está num processo simples, porém profundo, de mudar a forma como você pensa sobre sua vida e de ajudá-lo a alcançar o que é realmente importante. Partimos da compreensão de que o futuro começa com o que acontece em sua vida hoje. Se fizermos o melhor do nosso presente, vamos construindo o nosso futuro – um dia de cada vez.

Se você for como eu, não vai querer viver a vida com uma mentalidade de simplesmente "ir vivendo". Você vai querer sair do senso comum e tornar-se uma pessoa bem melhor. Vai querer romper com o passado e com as cadeias das limitações e sentimentos de inadequação que possa ter. Vai aprender a viver uma vida melhor – agora – e descobrir a alegria, a paz e o entusiasmo que Deus tem por você.

Neste livro, você descobrirá como fazer isso! Permita que as Escrituras Sagradas falem com você. Fique tranqüilo e escute o que Deus está lhe dizendo por meio de sua Palavra. Explore o significado de "ampliar a visão". Aprenda o que Deus tem a dizer sobre você e permita a ele reconstruir sua auto-imagem. Entenda o poder dos seus pensamentos e palavras e comece a livrar-se do passado. Renove as forças, a despeito de qualquer adversidade. Aprenda a viver como alguém que doa generosamente, sem reservas, e escolha ser feliz.

Se você empreender essa caminhada e aplicar o poder do *Só depende de você*, começará a viagem para a vida que merece ter. Não importa onde esteja, ou os desafios que encontre: *você pode viver todo o seu potencial agora – e para o resto da sua vida!*

AMPLIE
SUA VISÃO

Servimos o Deus Altíssimo,

e seu sonho para sua vida

é muito maior e melhor

do que você possa imaginar.

SENHOR, EU ME APROXIMO PARA OUVIR SUA PALAVRA

"Porque eu bem sei os pensamentos que penso de vós, diz o Senhor; pensamentos de paz, e não de mal, para vos dar o fim que esperais."

JEREMIAS 29:11

"Eis que farei uma coisa nova, e agora sairá à luz: porventura não a sabereis? Eis que porei um caminho no deserto e rios no ermo."

Isaías 43:14

COMECE A CRER MAIS

Servimos Deus criador do universo. Nunca aceite uma perspectiva pequena de Deus. Ele quer realizar coisas grandes e novas em nossa vida. Deus quer que cresçamos constantemente, alcançando novas alturas. Ele quer aumentar sua sabedoria e ajudar você a tomar melhores decisões. Ele quer que você cresça financeiramente, dando-lhe promoções, novas idéias e *criatividade*. Ele quer lhe dar "as abundantes riquezas da sua graça" (Ef 2:7).

Sim, é interessante que Deus pergunte se você está se preparando para as coisas boas em sua alma. É hora de ampliar sua visão. Para viver um vida melhor já, você deve começar a olhar a vida com os olhos da fé, vendo-se elevar a novos patamares. Visualize seu negócio deslanchando. Visualize seu casamento restaurado. Visualize a prosperidade da sua família. Você deve conceber essas idéias e crer que tudo é possível, caso você realmente queira ter essas bênçãos.

Amigo, se você fizer um acordo com Deus, esta será a melhor época da sua vida. Com Deus a seu lado, não há como você perder nada. Ele pode abrir caminhos quando parece já não haver caminhos. Ele pode abrir portas que nenhum homem é capaz de fechar. Ele pode mudar a sua vida de forma sobrenatural.

Livre-se de pensamentos de uma mente pequena e comece a pensar como Deus pensa. Pense grande. Pense em melhorar. Pense em abundância. Pense em mais do que o suficiente!

SEU PENSAMENTO ERRADO PODE AFASTÁ-LO
DO MELHOR DE DEUS.

> Tendo iluminados os olhos do vosso entendimento, para que saibais qual seja a esperança da sua vocação, e quais as riquezas da glória da sua herança nos santos; e qual a sobreexcelente grandeza do seu poder sobre nós, os que cremos.
>
> Efésios 1:18–19

"Nem se deita vinho novo em odres velhos; aliás, rompem-se os odres, e entorna-se o vinho, e os odres estragam-se; mas deita-se vinho novo em odres novos, e assim ambos se conservam."

MATEUS 9:17

Mude Sua Forma de Pensar

A boa-nova é: o que o impede de prosperar não é falta de recursos por parte de Deus ou falta de vontade dele de mostrar sua graça a você. O problema é mais fundo: é possível que você esteja pensando já ter atingido seus limites na vida; que não obterá mais sucesso do que o já obtido; ou que não fará mais nada significativo nem desfrutará as boas coisas da vida como os demais desfrutam.

É triste dizê-lo, mas está certíssimo... a não ser que você tenha vontade de mudar seu pensamento e começar a acreditar em algo maior. É interessante que, quando Jesus queria motivar seus seguidores a ampliar a forma como viam o mundo, ele lhes lembrava que "não se coloca vinho novo em odres velhos". Ou seja, ele dizia que você não pode ter uma vida ampla com atitudes restritas.

Você está disposto a ampliar a fé e a forma de ver o mundo, livrando-se das velhas formas negativas de pensar que o puxam para baixo?

Você não precisa ficar preso às barreiras do passado. Comece a deixar espaço no pensamento para aquilo que Deus lhe reservou. A chave está em crer, em deixar as sementes que Deus guarda para sua vida criarem raízes para que possam florescer. A graça de Deus o ajudará a romper com o caminho já trilhado e o elevará a novas alturas. Proponha-se à excelência em tudo o que fizer.

Lembre-se: com Deus, tudo é possível.

Vá além das barreiras do passado e espere que Deus faça grandes coisas em sua vida.

"Tudo é possível ao que crê."
MARCOS 9:23

"Seja-vos feito segundo a vossa fé."

Com Deus ao seu Lado

Deus está sempre tentando plantar novas sementes no seu coração. Ele está sempre tentando ajudá-lo a conceber coisas novas, a abandonar idéias antiquadas e a trazer de dentro de você novos ímpetos criativos. Ele está sempre tentando enchê-lo de esperança, de modo que a semente cresça e traga uma colheita incrível.

Esta é a hora de crescer. Você pode ter ficado doente por muito tempo, mas agora é a hora de melhorar. Você pode ter ficado preso a vícios e maus hábitos, mas chegou a hora de libertar-se. Você pode estar sofrendo financeiramente, mas agora é a hora da promoção. A chave é crer, deixar que a semente germine e crie raízes para que possa florescer.

Deus está lhe dizendo algo semelhante ao que o Anjo disse à Virgem Maria – que ela conceberia sem participação humana. Em outras palavras: Deus estava dizendo que o que aconteceria seria por meios excepcionais. O que ele fará em sua vida não está ligado ao poder ou à força que você tem. Ocorrerá de acordo com o Espírito dele. O poder do Deus Altíssimo se derramará sobre você e fará com que aconteça.

Você vai permitir que a semente germine e crie raízes? Isso pode acontecer sem empréstimos bancários ou sem que você tenha educação letrada. Pode acontecer apesar do seu passado e do que as pessoas lhe dizem. Você crê?

Com Deus, tudo é possível.

ELIMINE A MENTALIDADE DE SIMPLESMENTE IR VIVENDO E DEIXE A SEMENTE DE DEUS CRIAR RAÍZES EM VOCÊ.

SENHOR DEUS, EU ME APROXIMO PARA OUVIR SUA PALAVRA.

Pensai nas coisas que são de cima, e não
nas que são da terra.
Colossenses 3:2

A fé é o firme fundamento das coisas que esperam e a prova das
coisas que não se vêem!
Hebreus 11:1

Aumente suas Expectativas

Deus está sumamente interessado no que você vê através de seus "olhos espirituais". Se tiver a visão de vitória na sua vida, você poderá elevar-se a um nível mais alto. Mas, enquanto seu olhar estiver fixo no chão, e não em suas reais oportunidades, você corre o risco de ir na direção errada e, assim, perder as grandes coisas que Deus deseja fazer por você e por seu intermédio. É um fato espiritual e também psicológico: nós nos guiamos pelo que visualizamos na nossa mente.

A vida vai seguir suas *expectativas*. Aquilo que você espera é o que vai conseguir. Se tiver pensamentos positivos, sua vida irá nessa direção; se você sempre tiver pensamentos negativos, terá uma vida negativa. Se espera a derrota, fracasso ou mediocridade, seu subconsciente se encarregará da perda, do fracasso ou de sabotar todas as tentativas de você crescer. Por outro lado, se aumentar seu nível de expectativas, ampliará sua visão.

É fundamental que você programe sua mente para o sucesso. Você deve ter pensamentos positivos de vitória, abundância, esperança e graça. Cada dia, você deve escolher a atitude de esperar que coisas boas aconteçam. Comece o dia com fé e ponha sua mente no rumo certo; então saia e espere a graça de Deus. Espere sucesso na carreira e vá além dos desafios da vida. Acredite em Deus para um futuro maravilhoso. Você tem coisas ótimas no seu caminho!

Hoje pode ser o dia em que você verá seu milagre.

"Não por força, nem por violência, mas pelo meu espírito", diz o Senhor dos Exércitos.
Zacarias 4:6

Irmãos, quanto a mim, não julgo que o haja alcançado; mas uma coisa faço e é que, esquecendo-me das coisas que atrás ficam, e avançando para as que estão diante de mim, prossigo para o alvo, pelo prêmio da soberana vocação de Deus em Jesus Cristo. FILIPENSES 3:13-14

Pare de Impor Limites a Deus

Deus tem muitas coisas guardadas para você! O que ele sonha para sua vida é muito maior do que você pode imaginar. Se Deus lhe mostrasse tudo o que ele lhe tem guardado, você ficaria espantado!

É hora de parar de impor limites a Deus. Lembre-se: Deus é sua fonte; e sua criatividade e recursos são ilimitados! Deus pode lhe dar idéias para uma invenção, um livro, uma canção, um filme. Deus pode lhe dar um sonho. Uma só idéia vinda de Deus pode mudar para sempre o curso da sua vida. Deus não coloca limites ao que você tem ou não tem. Deus tudo pode – se você parar de lhe colocar limites por intermédio de seus pensamentos de limitação.

Talvez você tenha sido bombardeado com os mais diversos problemas pessoais: divórcio, fracasso, depressão, vida medíocre ou qualquer outro. Você precisa dizer: – Já chega! Vou romper com esse ciclo e mudar minhas expectativas. Vou começar a crer em Deus para atrair coisas maiores e melhores.

Quando Deus puser um sonho no seu coração, quando ele colocar oportunidades no seu caminho, levante-se com coragem e fé, espere o melhor, ande com confiança, sabendo que você é suficientemente capaz de fazer o que Deus quer que você faça. Mas você tem de fazer sua parte e sair dessa vidinha à qual se acostumou. Comece a pensar grande!

O que você vai receber está diretamente ligado a seu modo de crer.

Amplia o lugar da tua tenda, e as cortinas das tuas habitações se estendam; não o impeças; alonga as tuas cordas, e firma bem as tuas estacas. Porque transbordarás à mão direita e à esquerda.

ISAÍAS 54:2–3

Suficientemente haveis estado neste monte [...]. Eis aqui esta terra, eu a dei diante de vós; entrai e possuí a terra que o Senhor jurou a vossos pais, Abraão, Isaque, e Jacó, que a daria a eles e à sua semente depois deles.

DEUTERONÔMIO 1:6–8

Rompa as Barreiras

Quando Deus tirou os hebreus da escravidão no Egito, a viagem que geralmente durava onze dias até a Terra Prometida levou quarenta anos. Deus queria que eles avançassem, mas preferiram perambular pelo deserto, dando voltas repetidamente em torno da mesma montanha. Os hebreus ainda estavam presos a uma mentalidade pobre e derrotista, amargurados com seus problemas, reclamando, irritados com os obstáculos que se impunham entre eles e seu destino.

Ou seja, não importa o que você já sofreu no passado, não importa quantos reveses você já teve na vida ou os obstáculos que já lhe frustraram o progresso: hoje é um novo dia, e Deus quer algo novo para sua vida. Não deixe o passado determinar seu presente.

A Bíblia promete que "pela vossa dupla vergonha, Deus vos dará o dobro" (Is 61:7). Isso quer dizer que, se você mantiver a atitude correta, Deus lhe pagará em dobro por seus problemas. Ele somará todas as injustiças, toda a dor e sofrimento que as pessoas lhe causaram e lhe pagará com alegria, paz e felicidade em dobro. Mas você deve fazer sua parte e começar a almejar boas coisas.

Você nasceu para vencer; você nasceu para ser grande; você foi criado para ser um campeão na vida. Nosso Deus se chama *El Shaddai*, "o Deus do mais que o suficiente". Ele não é o Deus apenas do "suficiente"!

SE VOCÊ MUDAR O MODO DE PENSAR,
DEUS PODE MUDAR SUA VIDA.

E sabemos que todas as coisas contribuem juntamente para o bem daqueles que amam a Deus.
ROMANOS 8:28

Esperai inteiramente na graça que se vos ofereceu.
1 PEDRO 1:13

Deus Abrirá as Portas para Você

A Bíblia afirma claramente que Deus nos coroou com "glória e honra" (Sl 8:5). A palavra "honra" também poderia ser traduzida como "graça", e "favor" significa "assistir, prover vantagens especiais e receber atenção especial". Em outras palavras, Deus quer ajudá-lo, dar-lhe uma promoção, dar-lhe vantagens. Mas, para ter mais da graça de Deus, devemos viver com mentes mais "agraciadas". Devemos esperar uma ajuda especial de Deus e liberar nossa fé, sabendo que Deus nos quer ajudar.

Podemos esperar uma atenção preferencial, não porque somos *quem* somos, senão *de quem* somos. Não é porque somos melhores do que outras pessoas ou porque merecemos. É porque nosso Pai é o Rei dos reis, e sua honra e glória se derramam sobre nós.

Como filhos de Deus, podemos viver com confiança e coragem, esperando sempre coisas boas. Se amarmos a Deus, ele faz nossa vida para nosso proveito, e tudo ocorrerá para nosso bem, mesmo que não seja sempre o que esperávamos. Não importa o que aconteça ou o que não aconteça, sempre creia na graça de Deus.

Viva com uma mente cheia da graça. Levante-se todos os dias e declare isso. Diga "eu tenho a graça de Deus".

Não fique sentado passivamente. Faça a sua parte, e Deus fará a dele.

Não subestime a graça de Deus.

CERTAMENTE A BONDADE E A MISERICÓRDIA ME SEGUIRÃO
TODOS OS DIAS DA MINHA VIDA.

SALMOS 23:6

*Sua
beleza e amor
me seguirão todos os
dias da minha vida.*
S<small>ALMOS</small> 23:6
(A Mensagem)

O Poder de uma Atitude de Fé

Quando você vive com a mente cheia da graça, a Bíblia diz "a bênção de Deus vai segui-lo e estará sobre você". Em outras palavras, você não poderá escapar das boas coisas de Deus. Aonde quer que você vá, as coisas vão mudar a seu favor. Sempre que você precisar, alguém fará algo bom por você. Tudo isso pela graça de Deus.

A Bíblia está repleta de exemplos de pessoas que passaram por grandes necessidades, mas depois a graça de Deus mudou suas vidas. Quando toda a Terra estava prestes a ser destruída por um dilúvio, Noé achou a "graça" diante de Deus (Gn 6:8) e construiu uma arca para salvar sua família, os animais e a si mesmo. Quase morta de fome, Rute encontrou a "graça" no dono dos campos de grãos (Rt 2:10), e depois a situação dela e de Noemi mudou totalmente, com suas necessidades sendo supridas com abundância. Apesar das adversidades da escravidão no Egito, a "graça" de Deus veio sobre José (Gn 39:5, 21,23), e não importava o que as pessoas lhe diziam, ele resistia.

A graça de Deus aparece nos desafios da vida. Quando você estiver passando por momentos difíceis, mesmo que sua situação pareça impossível, mantenha uma atitude de fé e comece a afirmar a graça de Deus em vez de desanimar e criar uma atitude amargurada. Um simples toque da graça de Deus pode mudar sua vida.

Nada poderá subjugá-lo.

Ainda que a figueira não floresça, nem haja fruto na vide; o produto da oliveira minta, e os campos não produzam mantimento; as ovelhas da malhada sejam arrebatadas, e nos currais não haja vacas, todavia, eu me alegrarei no Senhor, exultarei no Deus da minha salvação.

HABACUQUE 3:17–18

Pereceria sem dúvida, se não cresse que veria os bens do Senhor na terra dos viventes. Espera no Senhor, anima-te, e ele fortalecerá o teu coração; espera, pois, no Senhor.

SALMOS 27:13–14

Nunca Subestime a Graça de Deus

Alguém o tem tratado mal ultimamente? Você está com problemas financeiros?

Se você viver com uma atitude de fé, logo a graça de Deus aparecerá, e aquela situação difícil vai reverter a seu favor. Jó, personagem do Antigo Testamento, passou pela maior provação pela qual alguém poderia passar. Em menos de um ano, perdeu a família, seu negócio, sua saúde. Ele tinha feridas por todo o corpo e, sem dúvida, vivia em constante dor. Mas naquele momento tão duro, Jó disse a Deus: "Está na tua mão a alma de tudo quanto vive" (Jó 12:10).

Ora, aqui está a parte mais incrível da história: há quarenta e dois capítulos no livro de Jó. E Jó fez essa afirmação no capítulo dez, mas não foi atendido, curado ou libertado até o capítulo 42! No começo, entretanto, quando a situação parecia totalmente desesperançada, Jó dizia: "Senhor, eu não me importo com a situação agora nem se eu me sinto muito mal. Tu és um Deus bom. Tua graça vai reverter esta situação". Não é de admirar que Deus tenha devolvido a Jó o dobro do que ele tinha antes!

Amigo, você pode estar numa situação hoje que pareça impossível de superar, mas nunca subestime a graça de Deus. Se você mantiver uma atitude de fé e afirmar a graça de Deus, ele promete que as coisas boas virão ao seu encontro.

Nunca desista de Deus.

CRIE

UMA AUTO-IMAGEM SAUDÁVEL

A verdadeira auto-estima pode

estar baseada apenas no que Deus diz

sobre mim, não no que eu penso

ou sinto sobre mim mesmo.

Eu sou quem Deus diz que eu sou.

Então disse Deus: Façamos o homem à nossa imagem, conforme nossa semelhança; e domine sobre os peixes do mar, e sobre as aves dos céus, e sobre o gado, e sobre toda a terra, e sobre todo o réptil que se move sobre a terra. E criou Deus o homem à sua imagem; à imagem de Deus o criou; macho e fêmea os criou.

Gênesis 1:26–27

Que é o homem mortal para que te lembres dele? E o filho do homem, para que o visites? Contudo, pouco menor o fizeste do que os anjos e de glória e de honra o coroaste.

Salmos 8:4–5

Criado à Imagem de Deus

Sua auto-imagem é como um auto-retrato; é quem ou o que você imagina ser, que pode ou não refletir de forma precisa quem você realmente é. A forma como você se sente terá um impacto fortíssimo em quão longe você prosseguirá na vida, porque você provavelmente falará, agirá e reagirá como a pessoa que você *acha* que é. A verdade é que você só irá até onde vai a imagem que você tem de si mesmo na mente.

Deus quer que tenhamos auto-imagens saudáveis e positivas, que nos vejamos como tesouros inestimáveis. Ele quer que nos sintamos bem. Apesar das nossas debilidades e defeitos, Deus nos ama de qualquer modo. Ele nos criou à sua imagem, e ele está sempre nos amoldando ao seu caráter, ajudando-nos a nos tornarmos pessoas cada vez mais parecidas com ele. Conseqüentemente, devemos aprender a amar a nós mesmos, com defeitos e tudo o mais – não porque sejamos egoístas, mas porque é assim que nosso Pai celestial nos ama.

Você segue seu caminho com a certeza de que Deus o ama incondicionalmente. Seu amor por você se baseia no que você é, não no que você faz. Ele o criou como um indivíduo único – nunca houve, nem haverá, nenhuma outra pessoa exatamente como você, e ele o vê como sua obra-prima especial!

Você foi feito à imagem de Deus.

Deus o Vê como um Vencedor

Quando o Anjo do Senhor apareceu para dizer a Gideão que Deus queria que ele salvasse o povo de Israel dos midianitas, as primeiras palavras que disse foi: "O Senhor é contigo, varão valoroso" (Jz 6:12). Gideão mostrou como ele era quando respondeu: "Ai, Senhor meu, com que livrarei a Israel? Eis que meu milheiro é o mais pobre em Manassés, e eu o menor na casa de meu pai" (v. 15).

Parece familiar? Muitas vezes sentimos que Deus está nos dizendo que tem algo grande para fazermos. Mas por causa de uma auto-imagem denegrida, dizemos: "Senhor, eu não consigo fazer isso. Tu tens de conseguir alguém mais qualificado. Eu não tenho o que é necessário".

É interessante ver a diferença entre a forma como Gideão se via e como Deus o recompensou. Embora Gideão se sentisse desqualificado, cheio de medo, e sem confiança em si mesmo, Deus o tratou como um homem poderoso e corajoso. Gideão se sentia fraco. Deus o viu forte e competente para liderar seu povo para a batalha e a vitória. E assim Gideão fez!

Além disso, Deus vê você como um campeão. Ele acredita em você e considera-o forte, corajoso, passível de sucesso, e sempre capaz de se superar. Pode ser que você não se veja exatamente assim, mas isso não muda a imagem que ele tem de você. Deus ainda o vê tal como as palavras dele descrevem: Você pode se sentir inepto, fraco, medroso e insignificante, mas Deus o vê como um vitorioso!

Aprenda a amar a si mesmo como o Pai Celestial o ama.

"O Senhor é contigo, varão valoroso."

Juízes 6:12

E disse-me: A minha graça te basta, porque o meu poder se aperfeiçoa na fraqueza. De boa vontade, pois, me gloriarei nas minhas fraquezas, para que em mim habite o poder de Cristo.

2 CORÍNTIOS 12:9

E GRAÇAS A DEUS, QUE SEMPRE NOS FAZ TRIUNFAR EM CRISTO E, POR MEIO DE NÓS, MANIFESTA EM TODO LUGAR O CHEIRO DO SEU CONHECIMENTO.

2 CORÍNTIOS 2:14

MAS A VEREDA DOS JUSTOS É COMO A LUZ DA AURORA QUE VAI BRILHANDO MAIS E MAIS ATÉ SER DIA PERFEITO.

PROVÉRBIOS 4:18

Seja Forte e Corajoso

Deus adora usar pessoas comuns como você ou eu, com defeitos, para fazer coisas extraordinárias. Eu lhe pergunto o seguinte: você está permitindo que suas fraquezas e inseguranças o impeçam de fazer o melhor? Você está deixando que sentimentos de inadequação façam com que desacredite de Deus para obter coisas maiores? Deus quer ajudá-lo; apesar das fraquezas, ponha o foco no seu Deus.

Você pode não se sentir capaz com sua própria força, mas isso é bom. O apóstolo Paulo disse: "Porque, quando estou fraco, então, sou forte" (2Co 12:10). A Palavra de Deus afirma que ele sempre faz com que triunfemos. Ele espera que vivamos vitoriosamente. Ele não fica satisfeito quando ficamos resmungando com uma atitude de "coitadinho de mim". Quando você faz isso, está permitindo que sua auto-imagem se forme por conceitos não-bíblicos, contrários às opiniões que Deus tem sobre você. Esse tipo de auto-imagem não lhe permitirá exercitar os dons e a autoridade que Deus lhe deu; fará com que você não experimente a vida abundante que o Pai celestial quer que você tenha.

Você pode mudar a imagem que você tem de si mesmo. Comece por concordar com Deus. Lembre-se: Deus o vê como um ser forte e corajoso, com grande honra e valor. Ele o vê como mais que um conquistador. Comece a ver-se como Deus o vê. Pare de dar desculpas e comece a andar com fé, fazendo o que Deus lhe disse para fazer.

Deus já aprovou e já aceitou você.

"Se o Senhor se agradar de nós, então nos porá nesta terra, e no-la dará: terra que mana leite e mel. Tão-somente não sejais rebeldes contra o Senhor, e não temais o povo desta terra, porquanto são eles nosso pão: retirou-se deles o seu amparo, e o Senhor é conosco. Não os temais."
NÚMEROS 14:8–9

SE DEUS É POR NÓS, QUEM SERÁ CONTRA NÓS?
ROMANOS 8:31

Seja uma Pessoa Proativa

Dez dos doze espiões hebreus que Moisés enviou a Canaã para vigiar os inimigos voltaram e disseram: "É uma terra onde mana leite e mel, mas há gigantes lá. Moisés, nós éramos como gafanhotos aos olhos deles. São fortes demais. Nunca vamos vencê-los" (Nm 13). Comparados aos gigantes, a imagem mental que tinham de si mesmos era de pequenos e indefesos gafanhotos. A batalha estava perdida antes mesmo de começar.

Josué e Calebe tinham um relato totalmente diferente. "Moisés, temos, sim, capacidade de possuir a terra. Sim, é verdade, há gigantes lá, mas nosso Deus é muito maior. Por causa dele, temos essa capacidade. Vamos invadir e conquistar essa terra de uma vez." Perante os mesmos gigantes, Josué e Calebe acreditaram em Deus e se recusaram a ver-se como gafanhotos. Pelo contrário, viram-se como homens de Deus, conduzidos e fortalecidos pelo Senhor.

Que grande verdade! Você e eu somos pessoas capazes. Não porque somos tão poderosos, mas porque nosso Deus é poderoso. Amigo, Deus já tem muitos "gafanhotos". Ele quer que você seja uma pessoa disposta a empreender, uma pessoa pronta e capaz de fazer o que ele manda. Você deve aprender a descartar os pensamentos negativos e começar a se ver como Deus o vê. Você deve reprogramar sua mente com a Palavra de Deus; mude aquela sua auto-imagem negativa e derrotada e comece a se ver como vencedor.

Continue em frente; continue crescendo. Deus tem muito mais guardado para você!

Você É Filho do Deus Altíssimo

Um aspecto importante para você se ver da mesma forma que Deus o vê é entender o seu próprio sentido intrínseco de valor. Sua percepção de valor não pode estar baseada em seus sucessos e derrotas, em como alguém o trata, ou quão popular você seja. Não é algo que recebemos; na verdade, nós não podemos receber um valor. Deus construiu nosso valor quando nos criou. Como criação única dele, você tem algo a oferecer ao mundo que ninguém mais tem, algo que ninguém mais pode ter. Seu sentido de valor deveria basear-se, assim, no fato de que você é filho do Deus Altíssimo.

As Escrituras dizem que "somos feitura sua" (Ef 2:10). A palavra *feitura* significa que você é um "trabalho em andamento". Durante toda a nossa vida, Deus está sempre nos moldando como pessoas que ele quer que sejamos. A chave para um futuro de sucesso é não se permitir ficar desmotivado com seu passado ou presente enquanto você está ainda sendo "completado".

Deus conhece o seu valor e o ama incondicionalmente. Ele vê seu potencial. Pode ser que você não entenda tudo pelo que esteja passando agora. Mas erga a cabeça, sabendo que Deus tem o controle e ele tem um grande plano e propósito para sua vida. Seus sonhos podem não ter saído como você esperava, mas a Bíblia diz que os caminhos de Deus são melhores e mais elevados do que os nossos. Mesmo que todo o mundo o rejeite, lembre-se de que Deus está à sua frente de braços abertos.

Aprenda a ser feliz com o que Deus o criou para ser.

Tendo por certo isto mesmo, que aquele que em vós começou a boa obra a aperfeiçoará até o dia de Jesus Cristo.

FILIPENSES 1:6

Mas todos nós, com a face descoberta, refletindo como um espelho a glória do Senhor, somos transformados de glória em glória na mesma imagem, como pelo Espírito do Senhor.

2 Coríntios 3:18

Mas ele respondeu:
"As coisas que são
impossíveis aos homens
são possíveis a Deus".

Lucas 18:27

(Deus disse a Abraão): "E abençoar-te-ei, e engrandecerei
o teu nome e tu serás uma benção".

GÊNESIS 12:2

Torne-se Aquilo em que Você Acredita

No Novo Testamento há um relato fascinante de dois cegos que escutaram que Jesus estava passando, e a fé começou a brotar em seus corações. Eles devem ter pensado: Não temos de ficar assim. Há esperança de um futuro melhor. Então eles começaram a gritar: "Tem compaixão de nós, filho de Davi" (Mt 9:27).

Quando Jesus escutou seus gritos, fez uma pergunta interessante: "Credes vós que eu possa fazer isto?" (v. 28). Jesus queria saber se eles tinham fé verdadeira. Os cegos responderam: "Sim, Senhor". A Bíblia diz: "Tocou então os olhos deles, dizendo: Seja-vos feito segundo a vossa fé. E os olhos se lhes abriram" (vv. 29-30).

Perceba que foi a fé que lhes trouxe a cura. O texto afirma que Jesus tocou-lhes os olhos e disse "tornai-vos no que acreditais". Que palavras poderosas! Seja aquele que você acredita ser! No que você crê? Você acredita que pode subir na vida, elevar-se sobre os obstáculos, viver com saúde, abundância, cura e vitória? Você se tornará tudo em que crê.

Você não deve se preocupar com a maneira como Deus vai resolver seus problemas ou ajudar a superá-los. Essa é a responsabilidade dele. A sua é crer. Aquilo em que você acredita tem um impacto muito maior na sua vida do que tudo em que acreditam as outras pessoas.

Sua fé vai ajudá-lo a superar os obstáculos.

Bendito o Deus e Pai de nosso Senhor Jesus Cristo, o qual nos abençoou com todas as bênçãos espirituais nos lugares celestiais em Cristo.

EFÉSIOS 1:3

"Bem está, servo bom e fiel. Sobre o pouco foste fiel, sobre muito te colocarei; entra no gozo do teu senhor."

MATEUS 25:21

Olhe com os Olhos da Fé

Um dos aspectos mais importantes em nos vermos da forma como Deus nos vê tem a ver com uma forma de pensar próspera. Veja, Deus já o equipou com tudo de que você precisa para viver uma vida próspera e realizar o destino dado por ele. Deus plantou sementes em você repletas de possibilidades – um incrível potencial, idéias criativas e sonhos. Mas você deve começar a mergulhar nelas. Você deve crer, sem nenhuma sombra de dúvida, que tem tudo de que precisa. Deus o criou para que você se sobressaia, e ele lhe deu habilidades, idéias, talento, sabedoria e seu poder divino para ajudá-lo.

Por exemplo, a Bíblia diz: "Somos mais do que vencedores, por aquele que nos amou" (Rm 8:37). Não diz que vamos virar vencedores; diz que somos mais do que vencedores neste momento. Se você começar a agir dessa forma, falar dessa maneira, ver-se como um grande vencedor, viverá uma vida próspera e vitoriosa. O preço para ter alegria, paz e felicidade já foi pago. É parte do pacote que Deus lhe entregou.

Comece a olhar com os olhos da fé, vendo-se atingir novos níveis. Veja-se prosperando e guarde essa imagem no seu coração e na sua mente. Você pode estar vivendo na pobreza agora, mas nunca deixe a pobreza viver dentro de você. A Bíblia mostra que Deus fica feliz ao ver seus filhos prosperando. Se seus filhos prosperam espiritualmente, fisicamente e materialmente, a alegria de Deus é maior.

Deus tem tudo de que você precisa.

Seja Você Mesmo

Ouse ser feliz do jeito que você é *agora*. Muitos problemas sociais, físicos e emocionais se originam do fato de que as pessoas não gostam de si mesmas. Elas não se sentem confortáveis com sua aparência, sua forma de falar ou de agir. Não gostam de sua personalidade e sempre estão se comparando com outras pessoas, pensando que gostariam de ser diferentes.

Você não foi criado para imitar outra pessoa. Você foi criado para ser você mesmo. Você pode ser feliz assim, como Deus o criou, e parar de querer ser algo diferente. Se Deus o quisesse semelhante a outra pessoa, ele o teria feito para que se parecesse com outro. Se Deus quisesse que você tivesse outra personalidade, ele lhe teria dado essa personalidade. Se quer parecer outra pessoa, você se humilha e também perde sua singularidade.

Deus não quer um bando de clones. Ele gosta de variedade, e você não deve deixar que as pessoas o pressionem ou que o façam sentir-se mal porque você não se encaixa na imagem do que supostamente deveria ser. Seja original, e não um *maria-vai-com-as-outras*. Ouse ser diferente; tenha segurança em quem Deus criou e seja o melhor que você pode ser. Você não precisa da aprovação de ninguém. Deus nos deu todos os dons, talentos e personalidades diferentes de propósito. Aprenda a ser feliz do modo como Deus o fez.

SE VOCÊ ENTRAR NA CORRIDA E FOR O MELHOR QUE PODE SER, ENTÃO VOCÊ SE SENTIRÁ BEM CONSIGO.

Mas prove cada um a sua própria obra e terá glória só em si mesmo e não noutro. Porque cada qual levará sua própria carga.
Gálatas 6:4–5

Tenho posto o Senhor continuamente diante de mim: por isso que ele está à minha mão direita, nunca vacilarei.
Salmos 16:8

DESCUBRA

O PODER DOS SEUS
PENSAMENTOS E DAS
SUAS PALAVRAS

Tenha sempre em mente o fato de que Deus faz milagres. Comece a falar com suas montanhas sobre quão grande é seu Deus!

O Sucesso Começa na sua Mente

O terceiro passo para viver todo o seu potencial é descobrir o poder dos seus pensamentos e palavras. Esteja você consciente ou não disso, há uma guerra acontecendo ao seu redor, e a batalha é pelo controle da sua mente. O alvo número um do seu inimigo é a arena dos seus pensamentos. Se ele controlar sua forma de pensar, poderá controlar toda a sua vida. É verdade que os pensamentos determinam as ações, atitudes e a auto-imagem. Os pensamentos moldam seu destino, e é por isso que a Bíblia nos alerta para que cuidemos de nossa mente.

Quase como um ímã, atraímos aquilo em que sempre pensamos. Se tivermos pensamentos depressivos e negativos, seremos depressivos e negativos. Se pensarmos coisas positivas, alegres e felizes, nossa vida vai refletir isso e atrair pessoas que são positivas e otimistas. Nossa vida segue nossos pensamentos.

E nossos pensamentos também afetam nossas emoções. Não há como você se sentir feliz se não tiver pensamentos felizes. Igualmente, é impossível que se sinta desmotivado, a não ser que você tenha pensamentos desestimulantes. Grande parte do nosso sucesso ou fracasso começa na nossa mente.

Coloque sua mente no rumo certo. Comece todos os dias concordando com o salmista que "Este é o dia que fez o Senhor; regozijemo-nos e alegremo-nos nele" (Sl 118.24). Louve a Deus e espere coisas boas todos os dias.

Diariamente, quando você acordar, sintonize sua mente para o sucesso.

"Assim o Senhor vos diz: Não temais nem vos assusteis por causa dessa grande multidão; pois a peleja não é vossa, senão de Deus."

2 Crônicas 20:15

Tu conservarás em paz aquele cuja mente está firme em ti; porque ele confia em ti.

Isaías 26:3

Resumindo, amigos, eu diria que seria melhor se vocês preenchessem a mente e meditassem sobre coisas verdadeiras, nobres, reputáveis, autênticas, atrativas, graciosas – o melhor, não o pior; o belo, não o feio; coisas para louvar, não para amaldiçoar. Coloque em prática o que vocês aprenderam comigo, o que vocês escutaram, viram e entenderam. Façam isso, e Deus, que faz com que tudo funcione bem, os incluirá na sua harmonia mais perfeita.

FILIPENSES 4:8–9 (A Mensagem)

Que haja em vós o mesmo sentimento que houve também em Cristo Jesus.

FILIPENSES 2:5

Reflita sobre seu Pensamento

A vida é dura. Todos sofremos reveses e ficamos desmotivados de vez em quando, mas não precisamos continuar assim. Podemos escolher nossos pensamentos. Ninguém pode nos fazer pensar dessa ou daquela forma. Se você não estiver feliz, ninguém o está forçando a ficar infeliz. Se você for pessimista e tiver uma atitude ruim, ninguém o está coagindo para ser sarcástico ou mal-humorado. Você decide o que vai ter na sua mente.

Só porque o inimigo põe uma semente negativa ou desmotivadora na sua cabeça não quer dizer que você tem de alimentá-la e ajudá-la a crescer. Mas se você o fizer, esse pensamento afetará suas emoções, atitudes e, depois, suas ações. Você terá uma maior tendência à desmotivação e à depressão, e se você continuar com pensamentos negativos, eles sugarão toda a sua energia.

Devemos ser responsáveis pela nossa mente e pelas nossas ações. Enquanto ficarmos inventando desculpas e culpando nossa árvore genealógica, o ambiente, nossas relações passadas, as circunstâncias ou culpando Deus, Satanás – qualquer pessoa ou coisa –, nunca nos sentiremos verdadeiramente livres e saudáveis emocionalmente. Em geral, nós podemos controlar nosso próprio destino.

Não são as circunstâncias que deixam você para baixo; são os pensamentos que você tem sobre elas. Podemos estar numa das maiores batalhas pela vida e ainda assim nos sentirmos cheios de alegria, paz e vitória – basta que aprendamos a escolher os pensamentos certos.

Podemos escolher crer que Deus é maior do que nossos problemas.

O QUE VOCÊ PENSA, VOCÊ SERÁ

Não é realista fingir que nada de mal nos acontece. As boas pessoas passam por coisas ruins. A resposta não é fingir, nem usar jogos semânticos que fazem você parecer mais espiritualizado. Se estiver doente, admita-o; mas mantenha seus pensamentos naquele que vai curá-lo. Se o seu corpo estiver cansado, se o seu espírito estiver exausto, tudo bem: mas concentre seus pensamentos naquele que prometeu que "os que esperam no Senhor renovarão as suas forças" (Is 40:31).

Jesus disse: "No mundo tereis aflições, mas tende bom ânimo; eu venci o mundo" (Jo 16:33). Ele não disse que não viriam tempos complicados, mas sim que, quando eles viessem, poderíamos escolher nossas atitudes. Podemos escolher crer que ele é maior que os nossos problemas.

Primeiramente, devemos ganhar a batalha na nossa mente. Não se pode sentar passivamente e esperar que uma nova pessoa apareça de repente. Se você não conseguir pensar que terá sucesso, realmente, você nunca terá. Se não conseguir pensar que seu corpo pode ser curado, então ele nunca o será.

Enquanto você tiver pensamentos medíocres, você se propõe a viver uma vida medíocre. Mas quando você alinha os seus pensamentos com os de Deus e começa a se concentrar nas promessas da sua Palavra, quando você concentra seus pensamentos na sua vitória e graça, você será motivado à grandeza, e certamente conseguirá melhora, promoção ou a bênção sobrenatural de Deus.

Escolha concentrar-se nas promessas da palavra de Deus.

Não estejais inquietos por coisa alguma: antes as vossas petições sejam em tudo conhecidas diante de Deus por oração e súplicas, com ação de graças. E a paz de Deus, que excede todo o entendimento, guardará os vossos corações e os vossos sentimentos em Cristo Jesus.

Filipenses 4:6–7

Porque, como imaginou na sua alma, assim é.

Provérbios 23:7

Destruindo os conselhos, e toda a altivez que se levanta contra o conhecimento de Deus, e levando cativo todo o entendimento à obediência de Cristo.

2 Coríntios 10:5

Vos despojeis do velho homem [...] e vos renoveis no espírito do vosso sentido.

Efésios 4:22–23

Cuide da sua Mente

Quando a Bíblia diz "pensai nas coisas que são de cima" (Cl 3:2), significa que devemos sempre preferir, vinte e quatro horas por dia, repousar nossa mente nas coisas positivas de Deus. O apóstolo Paulo deu uma lista pela qual podemos avaliar nossos pensamentos: "Tudo o que é verdadeiro, tudo o que é honesto, tudo o que é justo, tudo o que é puro, tudo o que é amável, tudo que é de boa fama, se há alguma virtude e se há algum louvor, nisso pensai" (Fp 4:8).

Mas como você se assegura da origem de um pensamento? Fácil. Se for um pensamento destrutivo, de desmotivação; se trouxer medo, preocupação, dúvida ou descrença; se fizer com que você se sinta frágil, inseguro ou inadequado, eu lhe garanto que esse não vem de Deus. Você deve se livrar desse pensamento imediatamente. Se você se ancorar nas mentiras do inimigo e deixar que a negatividade crie raízes, você permitirá que o inimigo construa uma fortaleza na sua mente, a partir da qual poderá empreender novos ataques.

Você deve fazer uma escolha de qualidade e focar a mente nas coisas boas de Deus e provar do que ele tem para melhorar sua vida agora. Devemos ter um cuidado especial nos tempos de adversidades, em tempos de desafios pessoais. Quando surgem problemas, os pensamentos que primeiro vêm à mente tendem a não ser positivos. De todos os lados, somos bombardeados por pensamentos negativos e temores. É quando precisamos escolher confiar em Deus e saber que ele tem coisas maravilhosas guardadas para nós.

Ficarei concentrado e cheio de esperança, sabendo que Deus está lutando minhas batalhas por mim.

Há um rio cujas correntes alegram a cidade de Deus, o santuário das moradas do Altíssimo.

Salmos 46:4

"Os céus e a terra tomo hoje por testemunhas contra vós, que vos tenho proposto a vida e a morte, a bênção e a maldição: escolhe pois a vida, para que vivas, tu e a tua semente."

Deuteronômio 30:19

Transforme seu Pensamento

Sejamos realistas. Se seus pensamentos têm um padrão negativo há vários meses ou anos, é como se tivessem erodindo as margens de um rio, e a negatividade pode fluir em uma só direção. Com cada pensamento negativo, a margem fica um pouco mais profunda e a corrente mais forte. É possível programar sua mente para que ela funcione num padrão de pensamento negativo.

Felizmente, podemos fazer com que um novo rio comece a fluir por uma direção positiva. Quando você se concentra na Palavra de Deus e começa a ver as melhores situações, aos poucos, um pensamento de cada vez, você está redirecionando o fluxo desse rio. Isso pode não parecer assim a princípio, mas na medida em que você continua a rejeitar os pensamentos negativos e redirecionar o fluxo, se você escolher a fé em vez do medo, esperando que boas coisas aconteçam e tomando as rédeas da sua vida, essa corrente negativa diminuirá, e o rio fluirá com pensamentos positivos e cheios de fé e vitória.

Amigo, não se acomode nem deixe que pensamentos negativos e críticos influenciem sua vida. A Bíblia diz "transformai-vos pela renovação do vosso entendimento" (Rm 12:2). Porém, tenha em mente que esse rio de negativismo não se formou da noite para o dia, nem será redirecionado sem um esforço consciente e intenso da sua parte. Deus o ajudará. Tenha sempre muita fé. Tenha muita alegria. Tenha muita esperança. Se você transformar seu pensamento, Deus transformará a sua vida.

Você tem um novo rio fluindo.

O Poder das suas Palavras

Nossas palavras têm um poder incrível e podem ser comparadas a sementes. Ao proferi-las em voz alta, elas serão plantadas no nosso subconsciente, criarão raízes, crescerão e produzirão frutos da mesma origem. Se dissermos palavras positivas ou negativas, colheremos exatamente o que plantarmos. Por isso devemos ter cuidado com o que pensamos e dizemos.

A Bíblia compara a língua ao leme de um enorme navio (Tg 3:4). Mesmo sendo pequeno, o leme controla a direção do barco. Da mesma forma, sua língua controla a direção da sua vida. Você cria um ambiente de bem ou de mal com as suas palavras, e terá de viver nesse mundo que você criou. Se você ficar sempre resmungando, reclamando e falando de como a vida o trata mal, você viverá num mundo bastante infeliz. Entretanto, Deus quer que usemos nossas palavras para mudar nossas situações negativas.

A Bíblia nos diz claramente que falemos à nossa montanha. Talvez a sua seja uma doença, ou uma relação complicada, ou um negócio decadente. Qualquer que seja a sua montanha, você deve fazer mais do que só pensar sobre ela, mais do que só orar; você deve falar com esse obstáculo. A Bíblia diz: "Diga o fraco: Eu sou forte" (Jl 3:10). Comece a se definir como curado, feliz, completo, abençoado e próspero. Pare de dizer a Deus quão grande são as suas montanhas, e comece a falar com suas montanhas sobre quão grande seu Deus é!

Nosso Deus é Deus de milagres.

"Porque em verdade vos digo que qualquer que disser a este monte: Ergue-te e lança-te no mar, e não duvidar em seu coração, mas crer que se fará aquilo que diz, tudo o que disser lhe será feito. Por isso, vos digo que tudo o que pedirdes, orando, crede que o recebereis e tê-lo-eis."

Marcos 11:23–24

A morte e a vida estão no poder da língua; e aquele que a ama comerá do seu fruto.
PROVÉRBIOS 18:21

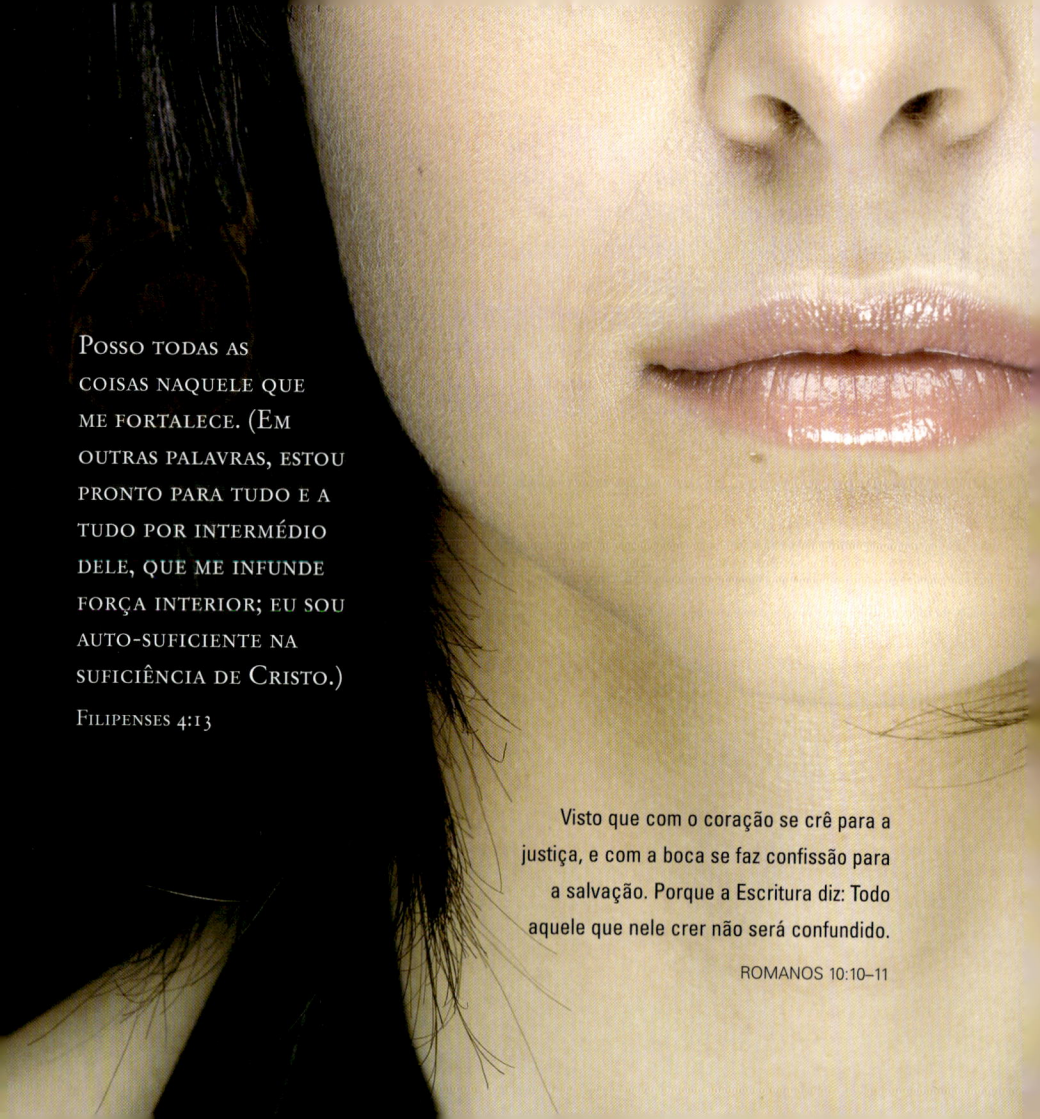

Posso todas as coisas naquele que me fortalece. (Em outras palavras, estou pronto para tudo e a tudo por intermédio dele, que me infunde força interior; eu sou auto-suficiente na suficiência de Cristo.)

Filipenses 4:13

Visto que com o coração se crê para a justiça, e com a boca se faz confissão para a salvação. Porque a Escritura diz: Todo aquele que nele crer não será confundido.

ROMANOS 10:10–11

O Milagre em sua Boca

Adorei o que Davi fez quando enfrentou o gigante Golias. Ele não reclamou e disse: "Deus, por que é que eu sempre tenho problemas enormes?". Ele não ficou preso ao fato de que Golias era três vezes o seu tamanho ou que era um hábil guerreiro enquanto ele era um pastorzinho. Em vez de enfocar a magnitude do obstáculo diante de si, Davi preferiu enfocar a grandeza de Deus.

Davi olhou Golias nos olhos e mudou toda a atmosfera com as palavras que ele proferiu. Ele disse: "Você vem contra mim com espada, com lança e com dardos, mas eu vou contra você em nome do Senhor dos Exércitos, o Deus dos exércitos de Israel, a quem você desafiou" (1Sm 17:45).

Essas foram palavras de fé! Ele não só pensou nelas; ele não orou simplesmente. Ele falou diretamente com a montanha humana à sua frente e disse: "Cortarei a sua cabeça. Hoje mesmo darei os cadáveres do exército filisteu às aves do céu" (v. 46). E com a ajuda de Deus, ele assim o fez!

Amigo, há milagres na sua boca. Se você quiser mudar o mundo, comece mudando suas palavras. Quando você tiver de enfrentar obstáculos no seu caminho, você deve dizer com coragem: "Maior é aquele que está em mim do que aquele que está neste mundo. Nenhuma arma feita contra mim poderá me alcançar. Deus sempre me levará à vitória".

Use suas palavras para mudar sua situação.

"Porque esta palavra está mui perto de ti, na tua boca, e no teu coração para a fazeres."

DEUTERONÔMIO 30:14

Há alguns cujas palavras são como pontas de espada, mas a língua dos sábios é saúde.

PROVÉRBIOS 12:18

Expresse Palavras de Fé

Nossas palavras são fundamentais para que nossos sonhos se tornem realidade. Não é suficiente que os vejamos pela fé ou em nossa imaginação. Você deve começar a proferir palavras de fé em toda a sua vida. Suas palavras possuem uma enorme força criativa. Este é um princípio espiritual e funciona se o que você disser for positivo ou negativo.

Nesse sentido, muitas vezes somos nossos piores inimigos. Culpamos tudo e todos, mas a verdade é que somos profundamente influenciados pelo que dizemos acerca de nós mesmos. A Escritura diz: "enredaste-te com as palavras da tua boca" (Pv 6:2).

Frases como "nada de bom me acontece" vão literalmente evitar que você progrida. Por isso você deve aprender a ter cuidado com a língua e a falar apenas palavras repletas de fé em toda a sua vida. Este é um dos princípios mais importantes que você tem de aprender. Resumindo, suas palavras podem edificá-lo ou destruí-lo.

Entenda que só evitar conversas negativas não é suficiente. Você deve começar a usar suas palavras para progredir na vida. Quando você acredita na Palavra de Deus e começa a professá-la corajosamente, imbuindo-se de sua fé, você confirma essa verdade e a valida diante de sua própria vida. E os céus acodem para dar apoio às palavras de Deus, dando vida às coisas maravilhosas que Deus tem guardadas para você.

Expresse palavras de vitória, saúde e sucesso sobre a vida.

> Como maçãs de ouro em salvas
> de prata, assim é a palavra
> dita a seu tempo.
>
> Provérbios 25:11

De uma mesma boca procedem bênção e maldição. Meus irmãos, não convém que isto se faça assim.

Tiago 3:10

O Poder da Bênção

Quer percebamos, quer não, nossas palavras afetam o futuro dos nossos filhos para o bem ou para o mal. Devemos dizer palavras amorosas de aprovação e aceitação, palavras que encorajem, inspirem e motivem nossa família a alcançar novos patamares. Ao fazê-lo, damos bênçãos às suas vidas, palavras que possuem tanta autoridade espiritual como a bênção do patriarca aos seus filhos no Antigo Testamento (Gn 27:1-41). Devemos falar de abundância e progresso, afirmando a graça de Deus nas suas vidas.

Mas é comum, porém, que sejamos severos com os nossos filhos, sempre buscando seus defeitos. Nossas palavras negativas farão com que nossos filhos percam o sentido do valor que Deus deve ocupar dentro deles e podem permitir que o inimigo traga todo tipo de incertezas e inferioridade às suas vidas.

O que você está transmitindo às próximas gerações? Não basta pensar, você deve enunciar. Uma bênção não é uma bênção até que ela seja proferida. Seus filhos precisam escutar palavras como "Eu o amo. Eu acredito em você. Eu acho você excelente. Ninguém mais é como você". Eles precisam escutar sua aprovação. Precisam sentir seu amor. Eles precisam da sua bênção.

Use suas palavras para abençoar outras pessoas. Esposos, abençoem suas esposas com suas palavras. Você pode ajudar a guiar seus empregados com palavras positivas. Aprenda a abençoar os amigos. Comece a falar palavras abençoadas hoje mesmo!

EXPRESSE PALAVRAS QUE ENCORAJEM, INSPIREM E MOTIVEM.

DEIXE

O PASSADO
PARA TRÁS

É hora de fazer com
que suas feridas se curem.
Abandone suas desculpas
e pare de ter pena de si mesmo.
É hora de livrar-se de sua
mentalidade de vítima.

As misericórdias do Senhor são a causa de não sermos consumidos; porque as suas misericórdias não têm fim. Novas são a cada manhã; grande é a tua fidelidade. — LAMENTAÇÕES 3:22-23

"Vinde a mim, todos os que estais cansados e oprimidos, e eu vos aliviarei."
MATEUS 11:28

Deixe pra Lá

Vivemos numa sociedade que adora inventar desculpas, e uma das nossas frases favoritas é: "Não é minha culpa". Mas a verdade é que, se estivermos amargurados e rancorosos, é porque nos permitimos ficar desse jeito. A todos nós já aconteceram coisas negativas. Se você olhar bem, todo mundo pode inventar desculpas e culpar o passado pelos maus comportamentos, pelas escolhas malfeitas ou por um momento de raiva.

Suas razões podem ser válidas. Você pode ter passado por coisas na vida que ninguém merece passar, como abuso físico, verbal, sexual ou emocional. Talvez você tenha lutado contra uma doença crônica ou um problema físico irreversível. Talvez seus sonhos não tenham se realizado. Não tenho a intenção de menosprezar experiências tão difíceis, mas, se você quer acreditar na vitória, não pode deixar que o passado envenene seu futuro.

É hora de deixar que as feridas emocionais se curem, abandonando as desculpas e o sentimento de piedade de si mesmo. É hora de livrar-se da mentalidade de vítima. Ninguém – nem mesmo Deus – jamais prometeu que a vida seria justa. Pare de comparar sua vida com a de outra pessoa, pare de pensar no que você poderia ou deveria ter sido. Pare de se perguntar "por que isso?" ou "por que aquilo?" ou "por que eu?". Livre-se desses sofrimentos e dores. Perdoe as pessoas que lhe fizeram mal. Perdoe a si mesmo pelos erros que você cometeu.

Hoje pode ser um novo começo.

Livre-se do Fardo

Amigo, não seja um prisioneiro do passado. Algumas pessoas sempre ficam presas às desilusões. Não conseguem entender por que suas orações não são atendidas, por que aquela pessoa querida não foi curada, por que foram maltratados. Algumas pessoas vivem com tanto dó de si mesmas que esse sentimento começa a ser parte da sua realidade. Elas não vêem que Deus quer devolver a elas o que lhes foi roubado.

Se você não estiver disposto a se livrar do velho, não espere que Deus lhe traga o novo. Se coisas injustas lhe aconteceram, tome a decisão de não permitir que essas coisas fiquem sendo revividas na sua memória. Em vez disso, pense nas coisas boas, coisas que vão motivá-lo e não destruí-lo, coisas que vão encorajá-lo e trazer-lhe a esperança de um amanhã mais luminoso.

Por quê? Porque sua vida seguirá seus pensamentos. Se você estiver constantemente pensando em coisas negativas que lhe aconteceram, nos erros que cometeu, então você estará perpetuando o problema. Você nunca será verdadeiramente feliz enquanto tiver amargura no seu coração.

Pode ser que você tenha até que perdoar a Deus. Talvez o esteja culpando por ter-lhe tirado um ser querido ou porque algo que pediu tanto não aconteceu. Se não souber lidar com isso, cairá no autocompadecimento. Terá de livrar-se dessas atitudes negativas e da raiva que as acompanha. Deixe pra lá.

SE VOCÊ QUISER IR PARA A FRENTE NA VIDA, DEVE PARAR DE OLHAR PARA TRÁS.

"E conhecereis a verdade, e a verdade vos libertará."

João 8:32

Vocês usarão os entulhos das vidas passadas para construir o novo, reconstruirão os fundamentos a partir do seu passado. Serão conhecidos por serem os que consertam tudo, restauram antigas ruínas, reconstroem e renovam, e tornam a comunidade novamente habitável.

ISAÍAS 58:12 (A Mensagem)

E Jesus, vendo este deitado, e sabendo
que estava nesse estado há muito tempo,
disse-lhe: "Queres ficar são?"

JOÃO 5:6

....

Portanto, nós também, pois, que estamos rodeados
de uma tão grande nuvem de testemunhas,
deixemos todo o embaraço e pecado que tão
de perto nos rodeia e corramos, com paciência,
a carreira que nos está proposta.

HEBREUS 12:1

Levante-se e Mexa-se

Um homem em Jerusalém estava aleijado já havia trinta e oito anos. Ele passou todos os dias da sua vida deitado ao lado da fonte de Betesda, esperando um milagre (Jo 5). Esse homem tinha um problema prolongado e enraizado, semelhantemente ao que muitas pessoas têm hoje. Suas mazelas podem não ser físicas; podem ser emocionais, mas são igualmente enraizadas e prolongadas. Podem ter origem na falta de perdão ou no peso de rancores passados, e afetam sua personalidade, seus relacionamentos e sua imagem própria. Tal como o homem deitado ao lado da fonte, algumas pessoas se acomodam por anos, esperando que um milagre aconteça para tudo melhorar.

Quando Jesus viu o homem ali deitado, simplesmente perguntou de forma muito direta: "Você quer ser curado?". A resposta foi interessante. Ele começou a dar desculpas: "Eu sou sozinho e não tenho ninguém para me ajudar...". Não lhe parece óbvio que ele não tivesse sido curado?

Jesus o fitou e disse: "Se você tem certeza de que quer melhorar, se quer sair desse problema, levante-se do chão, pegue sua cama e siga seu caminho". Quando o homem fez o que Jesus lhe disse, ele foi curado milagrosamente!

Se você tiver certeza de que quer ficar bem, não pode ficar acomodado, sentindo pena de si mesmo. Pare de se dar desculpas. Tenha fé em Deus, levante-se e siga em frente para o maravilhoso futuro que ele tem para você.

Hoje pode ser um momento de ruptura na sua vida.

"Não julgueis e não sereis julgados; não condeneis, e não sereis condenados; soltai e soltar-vos-ão."

Lucas 6:37

Confessai as vossas culpas uns aos outros, e orai uns pelos outros para que sareis.

TIAGO 5:16 (A Mensagem)

As Perguntas com "Por Quê"

O rei Davi orou e jejuou por sete dias, mas mesmo assim seu filho recém-nascido morreu (2Sm 12:1-25). Embora tenha ficado sumamente perturbado, ele não mostrou rancor nem duvidou de Deus. Ao contrário, teve a coragem de confiar em Deus em meio a toda sua desilusão. Ele lavou o rosto e continuou sua vida.

Não perca um só minuto mais tentando entender por que certas coisas ruins acontecem com você ou com seus seres queridos. Você pode nunca saber a resposta. Mas não use isso como desculpa para afundar-se na autocomiseração. Deixe pra lá, levante-se e siga com sua vida. Creia em Deus e aceite o fato de que algumas perguntas ficam sem resposta. Só porque você não conhece a resposta não quer dizer que ela não exista.

Cada um de nós deveria ter um arquivo chamado "eu não entendo". Quando surge algo para o que você não tem uma resposta razoável, em vez de ficar se perguntando "por quê?", coloque-o nesse arquivo e não crie rancores. Você deve abandonar todas as ataduras emocionais que estão na sua vida. Aprenda a fazer o que Davi fez: lave seu rosto, fique de bem com a vida e siga adiante. Se você mantiver uma atitude de fé e vitória, Deus prometeu que vai curar suas feridas. Ele vai transformá-las a seu favor, e você se sairá melhor do que se tais feridas nunca o tivessem atingido.

QUANDO VOCÊ PASSAR POR SITUAÇÕES QUE NÃO ENTENDER, NÃO FIQUE ANGUSTIADO.

Adeus à Amargura

Muitas pessoas tentam melhorar sua vida a partir dos aspectos exteriores. Tentam corrigir maus hábitos, atitudes, temperamentos ou personalidades negativas e ácidas. É nobre, sem dúvida, tentar mudar o fruto de sua vida mas, a menos que busquem encontrar a raiz, o fruto nunca será transformado. Enquanto uma raiz rancorosa estiver crescendo dentro de você, os problemas persistirão. Você pode controlar a forma de se comportar ou pode procurar ter boa disposição, mas não conseguirá ser livre.

Você deve ir mais fundo. Muitas pessoas tentam soterrar suas feridas e dores no coração ou no subconsciente. Elas não percebem, mas muitos dos seus distúrbios internos ocorrem porque seus corações estão envenenados. A Bíblia diz: "Guarda o teu coração porque dele procedem as saídas da vida" (Pv 4:23). Em outras palavras, se interiormente tivermos amargura, ela vai terminar contaminando tudo o que sair de nós. Vai contaminar nossa personalidade e nossas atitudes, e também a forma como tratamos as outras pessoas.

Se você estiver guardando raiva, pergunte-se por quê. Se você não consegue se dar bem com as pessoas, se você está sempre pessimista – quanto a si mesmo, aos outros, à vida em geral –, atreva-se a perguntar por quê. Quando você chegar à raiz do problema, poderá lidar com ele, superá-lo e poderá realmente começar uma mudança.

Quando a raiz de amargura for tirada, você poderá libertar-se do seu passado.

Tendo cuidado de que ninguém se prive da graça de Deus, e de que nenhuma raiz de amargura, brotando, vos perturbe, e por ela muitos se contaminem.

HEBREUS 12:15

Perdoa-nos nossas dívidas, assim como nos perdoamos aos nossos devedores.

Mateus 6:12

Antes sede uns para com os outros benignos, misericordiosos, perdoando-vos uns aos outros, como também Deus vos perdoou em Cristo.

EFÉSIOS 4:32

"Porque, se perdoardes aos homens as suas ofensas, também vosso Pai celestial vos perdoará as vossas ofensas. Se, porém, não perdoardes aos homens as suas ofensas, também vosso Pai não perdoará as vossas ofensas."

MATEUS 6:14–15

Perdoe para Ser Livre

Se você quer viver uma vida melhor já, deve começar a perdoar imediatamente. Você deve perdoar para ser livre; só depende de você. Quando perdoamos, não o fazemos só pela outra pessoa, mas também pelo nosso próprio bem. Quando guardamos rancor e ressentimento no coração, o que fazemos é construir muros de separação. Pensamos estar nos protegendo, mas não estamos. Ficamos isolados, sozinhos, cheios de preconceitos e presos pela nossa própria amargura. Os muros não só deixam as pessoas para fora, mas também nos prendem do lado de dentro.

Você percebe que essas paredes também evitam que a graça de Deus entre na sua vida? Elas podem bloquear a emanação da graça divina e fazer com que suas orações não sejam ouvidas. Elas não permitirão que seus sonhos se realizem. Você tem de derrubar esses muros. Você tem de perdoar às pessoas que o magoaram para que possa sair da prisão. Você não poderá ser livre enquanto não fizer isso. Deixe de lado tudo o que já lhe fizeram de errado. Tire a amargura da sua vida. Essa é a única forma de você ser realmente livre.

Você se sentirá realmente curado, tanto física quanto espiritualmente, quando abrir seu coração e aprender a perdoar. Você verá a graça de Deus de uma maneira limpa e nova. Você se surpreenderá com o que pode acontecer quando se vir livre do veneno.

O perdão é uma escolha, mas não é uma opção.

Faça o Bem, Ainda que Doa

Ser trapaceado num negócio, traído por um amigo, abandonado por um amor – com certeza essas perdas deixam cicatrizes indeléveis, fazendo com que você se apegue à tristeza. Seria até lógico que você procurasse vingança. Muitas pessoas podem até motivá-lo a isso. A frase "não fique bravo, fique quite!" é um princípio comumente aceito hoje em dia.

Mas esse não é o plano de Deus para você. Deus prometeu que se você confiar nele para que haja justiça na sua vida, ele lhe pagará pelas injustiças que lhe causaram (Is 61:7-9). Isso quer dizer que você não precisa devolver tudo o que as pessoas lhe fizeram de mal. Deus é o seu vingador. Deixe-o lutar as batalhas por você. Entregue a ele seus problemas e deixe que ele os solucione a seu modo.

Quando realmente entender que não tem de consertar tudo o que acontece na sua vida, você não ficará nervoso ou tentará fazer justiça pelo que fizeram ou não com você. Você não pode ficar manipulando a situação ou controlando as circunstâncias ou as pessoas envolvidas nelas. Quando entrega tudo nas mãos de Deus para que ele se encarregue de tudo, você toma o caminho certo, responde com amor e observa o que Deus vai fazer. Lembre-se de que Deus sempre devolve com abundância.

Deus pode reverter sua situação e fazê-la totalmente favorável a você, além de lhe dar muito mais!

Porque o Senhor julgará o seu povo, e terá compaixão dos seus servos.
Deuteronômio 32:36

Não vos vingueis a vós mesmos, amados, mas dai lugar à ira, porque está escrito: Minha é a vingança, eu recompensarei, diz o Senhor.
Romanos 12:19

BOM É O SENHOR PARA
OS QUE SE ATÊM A ELE, PARA
A ALMA QUE O BUSCA.
LAMENTAÇÕES 3:25

"O Espírito do Senhor Jeová está sobre mim, porque o Senhor me ungiu para pregar boas-novas aos mansos; enviou-me a restaurar os contritos de coração (...) a consolar todos os tristes; a ordenar acerca dos tristes de Sião que se lhes dê ornamento por cinza, óleo de gozo por tristeza, veste de louvor por espírito angustiado..."
ISAÍAS 61:1-3

Caminhe Sempre para Diante

Uma das coisas mais importantes para seguir adiante em direção ao grande futuro que Deus preparou para você é aprender como superar as desilusões na sua vida. Como os desencantos podem oferecer obstáculos incríveis para aprendermos a nos livrar do passado, você deve estar seguro de ter resolvido as pendências antes de dar um passo adiante para viver todo o seu potencial.

Geralmente, superar as desilusões e deixar o passado para trás são duas faces da mesma moeda, principalmente quando você está desiludido consigo. Quando fizer algo errado, não fique preso e se flagelando por isso. Admita-o, procure o perdão e siga adiante. Seja rápido, para livrar-se dos seus erros e faltas, feridas, dores e pecados.

Quando se sofrem perdas, ninguém espera sair como uma rocha impenetrável. Quando se sofrem derrotas ou perdas, é natural sentir tristeza ou angústia. Assim nos fez Deus. Mas você deve tomar a decisão de seguir em frente. Isso não acontece automaticamente. Você deverá erguer-se e dizer: "Não me importa se isso vai ser difícil, vou dar o melhor de mim".

Não viva com arrependimento ou remorso ou tristeza. Isso só vai interferir na sua fé. A fé sempre deve ser uma realidade presente, não uma memória distante. Deus vai reverter essas desilusões. Ele vai curar suas cicatrizes e transformá-las em estrelas para a sua glória.

Não deixe que os obstáculos se tornem sua identidade.

ENCONTRE
FORÇA
NA
ADVERSIDADE

Deus tem um propósito

divino para cada desafio

que aparece na nossa vida.

As provações testam nosso caráter

e ajudam a formar nossa fé.

Portanto, tomai toda a armadura de Deus, para que possais resistir no dia mau, e, havendo feito tudo, ficar firmes.

Efésios 6:13

Eleve-se Internamente

Às vezes é difícil viver uma vida melhor já. Muitas pessoas desistem facilmente quando as coisas não saem como esperavam ou quando encontram algum tipo de adversidade. Em vez de perseverarem, elas se irritam. Logo ficam cabisbaixas e desmotivadas, o que é até compreensível, principalmente quando lutam com um problema ou fraqueza por longo tempo. É até comum colocarem-se em posições subalternas.

Mas você deve ser mais determinado! O quinto passo para viver todo o seu potencial é encontrar forças na adversidade. Certas circunstâncias na nossa vida podem nos colocar para baixo ou forçar-nos a nos dobrar, mas não devemos ficar humilhados. Esta é uma boa-nova: Você não precisa ser subserviente. Mesmo que não consiga se ver externamente elevado, eleve-se internamente. Tenha a mentalidade vitoriosa. Mantenha uma atitude de fé.

Fique firme e diga: "Senhor, posso não entender o que está acontecendo, mas sei que o Senhor tem tudo sob controle. E o Senhor disse que tudo resultaria em meu bem; que o Senhor reverteria esse mal e o transformaria a meu favor. Então, Pai, eu agradeço que o Senhor me ajude a passar por isso!".

Não importa o que você vai encontrar na vida; se souber como elevar-se internamente, as adversidades não o deixarão para baixo.

Eleve-se sempre; no seu coração, na sua mente e na sua vontade.

Os passos de um homem bom são confirmados pelo Senhor, e ele deleita-se no seu caminho.

SALMOS 37:23

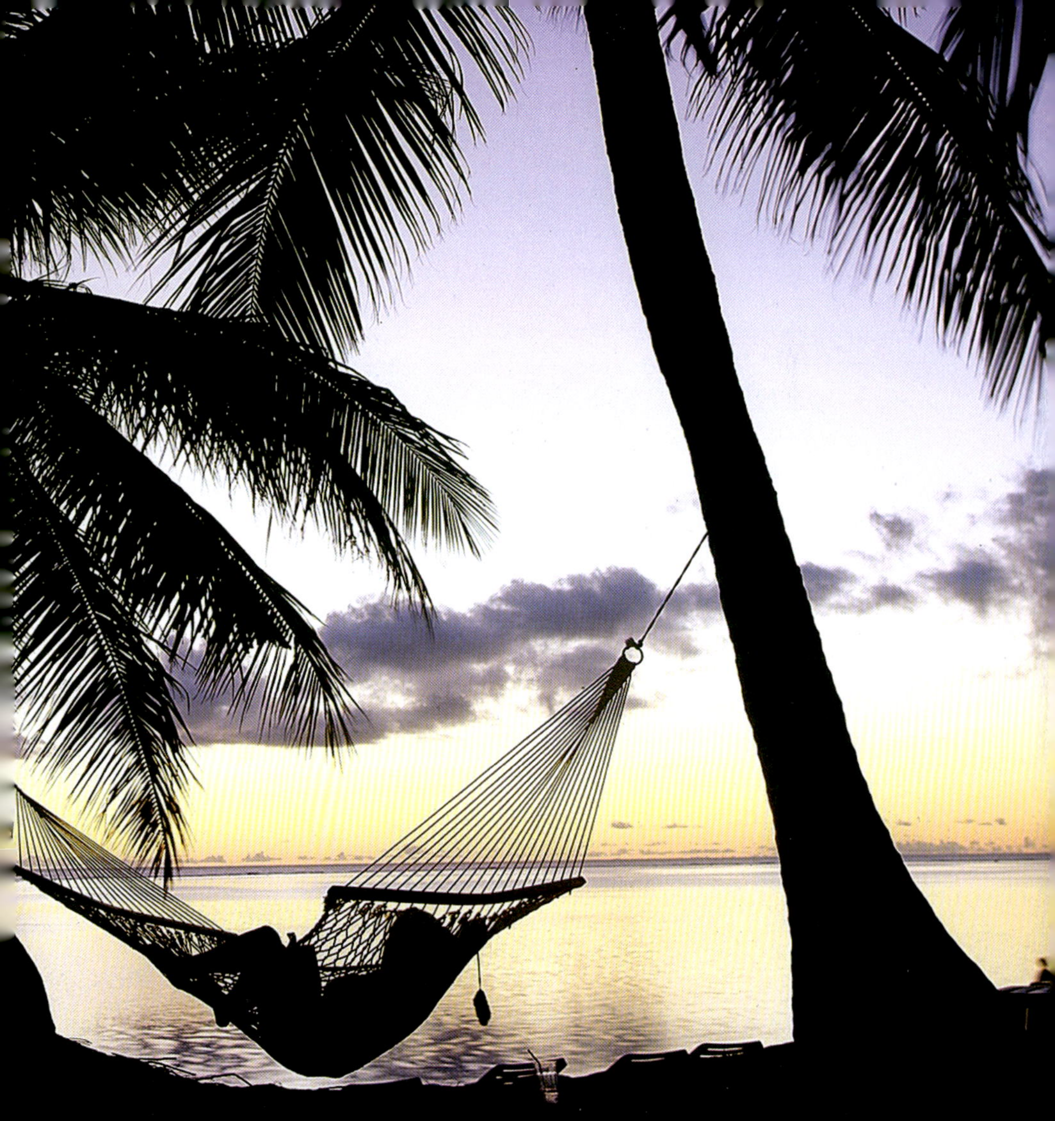

Encontre sua Motivação no Senhor

Para ter uma vida melhor já você deve agir sobre sua vontade, não só sobre suas emoções. Isso quer dizer que, às vezes, você deve tomar um passo pela fé, mesmo quando estiver sofrendo ou se recuperando ainda de um ataque do inimigo.

Antes que Davi se tornasse rei de Israel, ele e seus homens voltaram para casa e depararam com a cidade destruída por um ataque, suas casas queimadas, seus bens roubados e suas mulheres e filhos seqüestrados. Em vez de ficarem sentados, arrasados e lamentando-se pelo terrível prejuízo, Davi buscou coragem no Senhor e convenceu seus homens a atacar o inimigo. Na sua perseverança, Deus os ajudou milagrosamente a recuperar tudo o que lhes havia sido roubado.

Você pode ficar sentado esperando que Deus mude sua situação. Só então você vai ser feliz; então vai ter uma boa atitude; então você vai glorificar a Deus. Mas Deus está esperando que você se eleve internamente, tal como Davi o fez. Isso requer coragem e determinação, sem dúvida, mas você poderá fazê-lo se quiser.

Deus quer que você seja um campeão, não um reclamante. Não se permita jogar a toalha e render-se. Você deve mostrar ao inimigo que é mais determinado do que ele. Grite, se quiser: "Vou esperar com fé, mesmo que tiver que esperar por toda a minha vida!". Quando você faz sua parte, Deus começa a mudar as coisas e trabalhar milagrosamente na sua vida.

Desenvolva uma mentalidade de vitorioso e veja o que Deus começa a fazer.

Davi se angustiou, porque o povo falava de apedrejá-lo... todavia Davi se esforçou no Senhor seu Deus.

1 SAMUEL 30:6

Não rejeiteis, pois, vossa confiança, que tem grande e avultado galardão.

Hebreus 10:35

Em tudo dai graças, porque esta é a vontade de Deus em Cristo Jesus para convosco.
1 Tessalonicenses 5:18

O Senhor sustenta a todos os que caem, e levanta a todos os abatidos.

Salmos 145:14

Um Espírito Determinado

Amigo, a vida é muito curta para que andemos deprimidos e derrotados. Não importa o que tenha de enfrentar, mesmo que você escorregue e caia, não importa o que ou quem o está colocando para baixo, você deve sempre elevar-se por dentro. Se quiser que seu inimigo tenha um ataque de nervos, aprenda a manter uma boa atitude mesmo quando chegar ao fundo do poço! Aprenda a ser feliz mesmo quando nada estiver dando certo.

Muitas vezes, quando as pessoas sofrem adversidades, elas permitem que a dúvida tire o brilho de sua determinação, debilitando, assim, a sua fé. Não são perseverantes, não mantêm um bom ânimo. Ironicamente, como seus espíritos não estão bem, elas ficam em situações complicadas por mais tempo do que o necessário. A medicina afirma que as pessoas com um espírito determinado e lutador melhoram de suas moléstias mais rapidamente do que as que tendem a ser negativas e desmotivadas. Isso é assim porque Deus nos fez para que fôssemos determinados. Não fomos criados para viver em depressão ou derrota. Um espírito negativo suga a energia, debilita o sistema imunológico. Muitas pessoas vivem com problemas físicos ou amarras emocionais porque não conseguem se elevar por dentro.

Livre-se do pensamento que diz que você não consegue, que você não pode ser feliz; você tem muito para superar. Todas essas são mentiras do inimigo. Aprenda a desfrutar a força do "eu posso" que Deus colocou dentro de você. Mantenha-se forte e lute a boa luta da fé.

Todos temos motivos para agradecer a Deus.

Porque a visão é ainda para o tempo determinado e até o fim falará
e não mentirá: se tardar, espera-o, porque certamente virá, não tardará.
HABACUQUE 2:3

Cheguemos pois com confiança ao trono
da graça, para que possamos alcançar
misericórdia e achar a graça,
a fim de sermos ajudados
em tempo oportuno.
HEBREUS 4:16

Confie no Tempo de Deus

A natureza humana tende a querer tudo agora mesmo. Quando oramos para que nossos sonhos se realizem, queremos que aconteça imediatamente. Mas temos de entender que Deus tem o tempo certo para responder às nossas preces e para realizar nossos sonhos. E a verdade é que não importa quanto queiramos que tudo aconteça logo, nada vai mudar o tempo que foi estabelecido por Deus.

Quando mal interpretamos o tempo de Deus, vivemos com raiva e frustração, imaginando quando ele vai se manifestar. Mas ao entender o tempo de Deus, você não viverá estressado. Poderá relaxar, sabendo que Deus está no comando, e que "na hora certa" vai fazer que a coisa aconteça. Pode ser na semana que vem, no ano que vem ou depois de dez anos. Mas quando quer que seja, pode estar seguro de que será no tempo de Deus.

Deus não é um caixa eletrônico, onde você digita a senha certa e recebe o que pediu. As orações não são sempre atendidas em vinte e quatro horas. Não, todos nós temos de esperar e aprender a confiar em Deus. O fundamental é: vamos saber esperar com uma boa atitude e expectativa, sabendo que Deus está trabalhando, vejamos algo acontecendo ou não? Precisamos saber que Deus está colocando tudo em ordem lá atrás, nos bastidores. E, um dia, na hora certa, você verá o resultado de tudo o que ele esteve fazendo.

Deus trabalha mais quando menos vemos e sentimos.

Mas eu confiei em ti, Senhor; e disse: Tu és o meu Deus.
Os meus tempos estão nas tuas mãos.

Salmos 31:14–15

Já aprendi
a contentar-me
com o que tenho.

Filipenses 4:11

Contente-se

Davi tinha um grande sonho para sua vida. Ele queria fazer diferença, mas quando jovem passou muitos anos sendo pastor, cuidando das ovelhas de seu pai. Tenho certeza de que algumas vezes ele se sentiu tentado a achar que Deus o havia esquecido. Ele deve ter pensado: "Senhor, o que estou fazendo aqui? Não há futuro neste lugar. Quando tu irás mudar essa situação?". Mas Davi entendeu os tempos de Deus. Ele sabia que, se fosse fiel no tempo da escuridão, Deus o promoveria na hora certa. Ele sabia que Deus realizaria seus sonhos na época apropriada.

Vocês conhecem a história. Deus tirou Davi daqueles campos, fez com que ele derrotasse Golias e depois se tornasse rei de Israel.

Talvez você tenha um grande sonho no coração – o sonho de ter um casamento melhor, de ter seu próprio negócio, de ajudar pessoas que sofrem – mas, como Davi, você não veja nenhuma forma humana de seu sonho se realizar.

Tenho uma boa-nova para você! Deus não está limitado às formas humanas e naturais de fazer as coisas. Se você confiar em Deus e tiver uma boa disposição, mantendo sua fé aí onde você está – sem ficar com pressa e tentar forçar as coisas antes do tempo –, Deus o promoverá na hora certa, na época apropriada. Ele realizará seus sonhos. Confie nele!

O CONTENTAMENTO COMEÇA COM SUA PRÓPRIA ATITUDE.

Deus Vê Mais Amplamente

Nós não entendemos os métodos de Deus. Sua forma de agir nem sempre faz sentido para nós, mas temos de perceber que Deus enxerga de forma abrangente. Pense nessa possibilidade: você pode estar pronto para o que Deus tem para você, mas alguém que estará envolvido nessa ação ainda não está pronto. Deus tem de fazer a obra em outra pessoa ou outra situação antes de lhe atender a prece conforme a sua vontade. Todas as peças se encaixam na hora que Deus considera perfeita.

Não tema, Deus está arrumando tudo na sua vida. Você pode não sentir, você pode não ver. Sua situação pode parecer a mesma de dez anos antes, mas então, um dia, em segundos, Deus mostrará tudo de uma vez. Quando for a hora de Deus, nem todas as forças do mal juntas poderão detê-lo. Na época certa, Deus fará com que as coisas aconteçam.

Para você ter uma vida melhor já, deve aprender a confiar nos tempos de Deus. Esteja seguro de que agora mesmo Deus está arrumando todas as peças para realizar o melhor plano para a sua vida. Ele está trabalhando a seu favor muito antes de você ter encontrado o problema. Não fique impaciente, tentando forçar as portas. Não tente fazer com que as coisas aconteçam na base da força. A resposta há de vir na hora certa.

Deixe que Deus aja da forma dele.

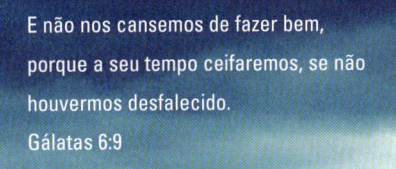

E não nos cansemos de fazer bem,
porque a seu tempo ceifaremos, se não
houvermos desfalecido.
Gálatas 6:9

"Porque os meus pensamentos não são os vossos
pensamentos, nem os vossos caminhos os meus caminhos,
diz o Senhor. Porque assim como os céus são mais altos
do que a terra, assim os meus pensamentos são mais
altos do que os vossos pensamentos."
Isaías 55:8–9

Mas ele sabe o meu caminho; prove-me e sairei como o ouro.
Jó 23:10

Amados, não estranheis a ardente prova que vem sobre vós para vos tentar, como se a coisa estranha vos acontecesse.
1 Pedro 4:12

Provações de Fé

Quando a adversidade bate à porta ou alguma calamidade acontece, muitas pessoas imediatamente pensam que fizeram algo errado, que Deus as deve estar castigando. Elas não entendem que Deus tem um propósito divino para cada desafio que surge na sua vida. Ele não envia problemas, mas às vezes ele permite que passemos por eles.

Por que isso acontece? A Bíblia diz que as tentações, as provações e as dificuldades devem acontecer porque, se tivermos de enrijecer nossa musculatura espiritual e fortalecer-nos, devemos superar adversidades e resistir aos ataques que aparecerem. As provações têm o objetivo de testar nosso caráter, testar nossa fé. Se você aprender a cooperar com Deus e aprender a mudar e corrigir as áreas que ele lhe propõe, então você passará nessa prova e será promovido a um outro nível.

Deus sempre permite que você passe situações difíceis para limpar aquelas impurezas do seu caráter. Você pode orar e tentar resistir, mas não vai servir de nada. Deus está mais interessado em mudar você do que em mudar as circunstâncias. Ele colocará pessoas e situações no seu caminho que vão esfolar você como se fossem lixas, mas ele também as usará para dar a você um melhor acabamento. Você nem sempre vai gostar disso; pode ser que você queira fugir ou resistir a isso, mas Deus vai continuar trazendo o problema à tona constantemente, até que você passe na prova.

Trabalhe com Deus no seu processo de refinamento em vez de lutar contra ele.

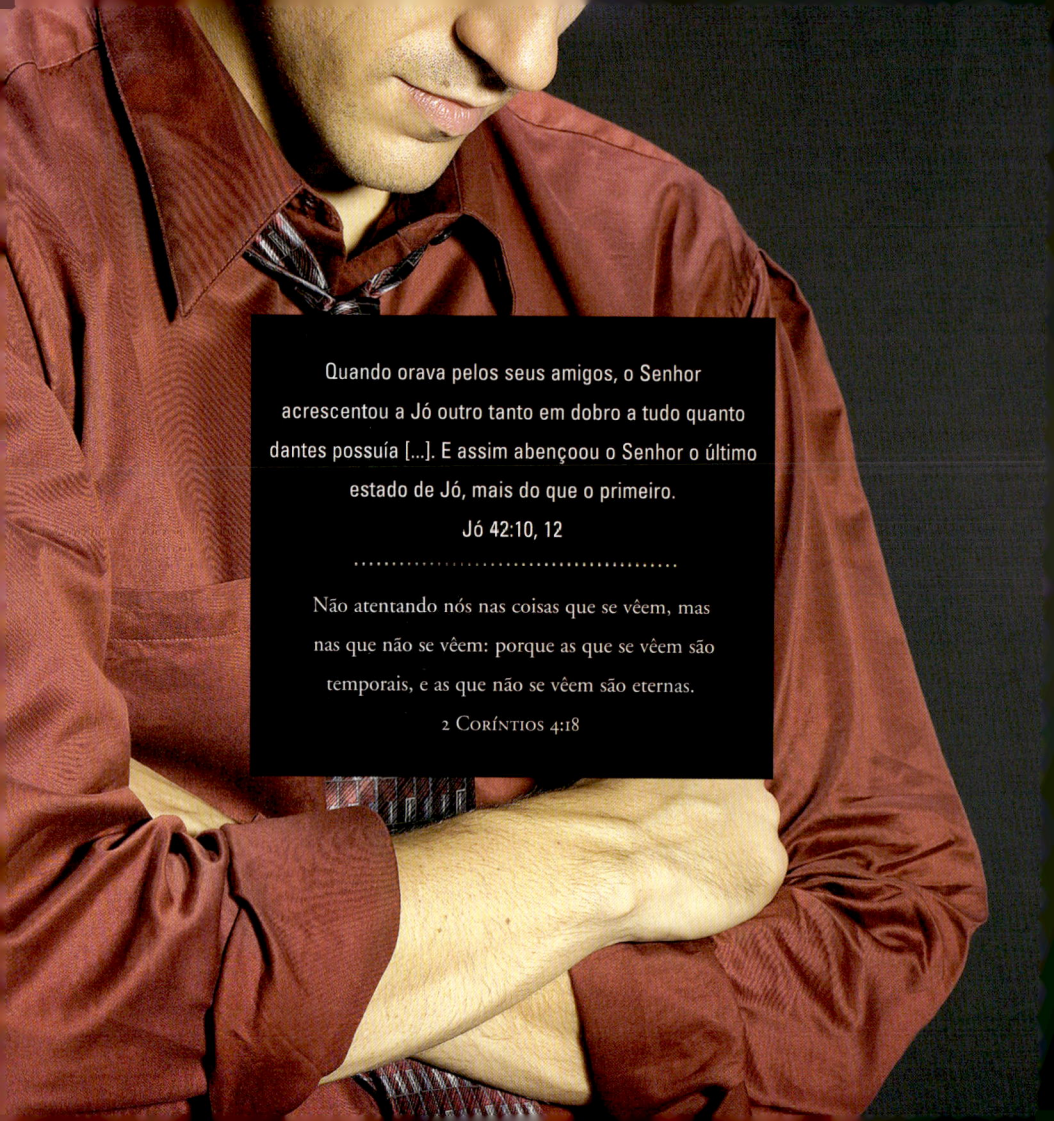

Quando orava pelos seus amigos, o Senhor acrescentou a Jó outro tanto em dobro a tudo quanto dantes possuía [...]. E assim abençoou o Senhor o último estado de Jó, mais do que o primeiro.

Jó 42:10, 12

....

Não atentando nós nas coisas que se vêem, mas nas que não se vêem: porque as que se vêem são temporais, e as que não se vêem são eternas.

2 Coríntios 4:18

Quando a Vida Não Faz Sentido

Na Bíblia, lemos sobre Jó, um bom homem que amava a Deus e que dispunha de seu coração para fazer o bem. De uma hora para outra, porém, ele perdeu seu negócio, seu rebanho e sua manada, sua família e sua saúde. As coisas não podiam ficar piores para Jó, e tenho certeza de que ele ficou tentado a amargurar-se. Ele poderia ter dito: "Deus, isso não é justo. Eu não entendo por que isso está acontecendo comigo!".

Sua própria mulher lhe disse: "Amaldiçoa a Deus e morre".

Mas nada disso! Jó sabia que Deus é um Deus da restituição. Ele sabia que Deus podia reverter sua situação. E sua atitude foi "mesmo que eu morrer, morrerei com fé em Deus. Vou morrer esperando o melhor". E depois de tudo ter acontecido, Deus não só reverteu a situação de Jó como lhe deu o dobro do que ele tinha antes.

Eu descobri dois tipos de fé – uma fé de entrega e uma fé constante.
A fé de entrega ocorre quando Deus rapidamente reverte sua situação. Quando isso acontece, é ótimo. Mas se requer uma fé maior e um caminho mais profundo com Deus para ter uma fé constante. A fé constante é a que nos ajuda a passar pelas noites escuras da alma diante das quais, como Jó, você não sabe para onde ir ou o que fazer... mas, por causa da sua fé em Deus, você o faz. A fé nos diz que o melhor ainda está por vir.

Desenvolva uma mentalidade restauradora.

VIVA
PARA DOAR

Deus é doador,

e se você quiser que ele cubra

sua vida com graça e bênção,

então você deve aprender a ser um

doador e não somente um receptor.

Recorde as palavras do Senhor Jesus, que disse: mais bem-aventurada coisa é dar do que receber.

ATOS 20:35

Porque Deus amou o mundo de tal maneira que deu o seu Filho unigênito.

João 3:16

Fomos Criados para Doar

Muitas pessoas hoje em dia estão descaradamente vivendo para si mesmas. A sociedade nos ensina a desejar ser o número um em tudo. "Há algo aí para mim?". Facilmente reconhecemos que esta é a geração do "eu" e que esse mesmo excesso de narcisismo permeia nossa relação com Deus, com nossa família e com o próximo. Ironicamente, essa atitude egoísta nos condena a viver vidas superficiais e pouco proveitosas. Não importa quanto conquistemos, nunca estamos satisfeitos.

Um dos maiores desafios que encontramos na busca de uma vida melhor é a tentação de vivermos de forma egoísta. Porque acreditamos que Deus quer o melhor para nós, e que ele quer que prosperemos, é fácil cair na sutil armadilha do egoísmo. Quando aprender a doar, você não só evitará essa queda mas também aprenderá a ter mais alegria do que imaginou que fosse possível, e esse é o sexto passo para vivermos a vida em todo o seu potencial.

Deus é um doador, e se você quiser provar a alegria de Deus de uma nova forma, se quiser que ele o encha de graça e bem-aventurança, então deve aprender a ser um doador e não um receptor. Não fomos criados para ser pessoas introspectivas, centradas em nós mesmos. Não, Deus nos criou para ser doadores. E você nunca se realizará como ser humano até que aprenda esse simples segredo de doar em toda a sua vida.

Diga sempre: "Quem eu posso abençoar hoje?"

Nada de "Viajantes Solitários"

Você pode nem perceber, mas é sumamente egoísta estar sempre pensando nos seus problemas, do que você precisa ou o que deseja, sem ao menos notar as grandes necessidades das pessoas a seu redor. Uma das melhores coisas que você pode fazer quando tiver um problema é ajudar a resolver os problemas de outro. Se quiser que seus sonhos se realizem, ajude o outro a realizar os próprios sonhos. Comece a semear um pouco, para que Deus possa lhe trazer uma boa colheita.

Fomos criados para doar, não só para satisfazer nossas próprias vontades. Se você não entender essa verdade, perderá uma vida cheia de alegria e abundância que Deus tem reservada para você. Mas quando ajudamos pessoas necessitadas, Deus se encarregará de que as suas necessidades sejam resolvidas. Se você ficar triste e desmotivado, esqueça-se de si mesmo e ajude alguém a satisfazer sua necessidade. Jogue a semente que lhe trará a colheita.

Talvez você sinta que não tem nada para dar. Lógico que você tem! Você pode dar um sorriso ou um abraço. Você pode fazer algo pequeno mas significativo para ajudar alguém. Você pode visitar alguém no hospital ou preparar uma comida para alguém que está preso. Você pode escrever para alguém uma carta dando motivação. Alguém precisa daquilo que você pode compartilhar. Alguém precisa da sua amizade. Deus nos criou para sermos livres, mas ele não nos fez "viajantes solitários". Precisamos uns dos outros.

Deus não pode encher com coisas boas um punho que está fechado.

"Em verdade vos digo que, quando o fizestes a um destes meus pequeninos irmãos, a mim o fizestes."
Mateus 25:40

Alguns há que espalham,
e ainda se lhes acrescenta mais;
e outros que retêm mais do que
é justo, mas é para a sua perda.
Provérbios 11:24

Vede que ninguém dê a outrem mal por mal, mas segui sempre o bem, tanto uns para com os outros, como para com todos.
1 Tessalonicenses 5:15

"Amai a vossos inimigos, fazei bem aos que vos aborrecem. Bendizei os que vos maldizem, e orai pelos que vos caluniam."
Lucas 6:27–28

Siga o Caminho do Amor

A forma como você trata outras pessoas pode ter um grande impacto na bênção e graça divinas que você recebe na sua vida. Você é bom com as pessoas? Você é gentil e compreensivo? Você fala e age com amor no coração e considera as outras pessoas valiosas e especiais? Amigo, você não pode tratar mal as pessoas e esperar ser agraciado por Deus.

A Bíblia diz que devemos "mostrar gentileza e procurar fazer o bem". Devemos ser proativos. Devemos prestar atenção para compartilhar a misericórdia, gentileza e bondade de Deus com as pessoas. Além disso, devemos ser gentis e fazer o bem mesmo quando alguém não for gentil conosco.

Quando alguém não o tratar bem, você terá uma oportunidade de ouro para ajudar a curar um coração ferido. Lembre-se de que uma pessoa ferida pode ferir os outros por causa da sua própria dor. Se alguém for rude ou insensível, pode ter certeza de que essa pessoa tem assuntos para resolver internamente. A última coisa de que ela precisa é que você responda com raiva.

Sempre siga o caminho mais elevado e seja gentil e cortês. Caminhe no amor e tenha uma boa atitude. Deus vê o que você está fazendo, e ele é seu vingador. Ele se encarregará de que as suas boas ações e atitudes superem o mal. Se sempre fizer a coisa certa, você vai sair muito à frente do que se respondesse ao fogo com mais fogo.

O MAL NUNCA É SUPERADO COM MAIS MAL.

"Vós bem intentastes mal contra mim, porém Deus o tornou em bem, para fazer como se vê neste dia, para conservar em vida a um povo grande."

GÊNESIS 50:20

(O Amor) não se porta inconvenientemente, não busca os seus próprios interesses, não se irrita, não suspeita mal.

1 CORÍNTIOS 13:5

O Amor Vence o Mal

Se alguém tinha o direito de devolver o mal em vez de o amor, esse alguém era José. Seus irmãos o odiavam tanto que se propuseram a matá-lo, mas terminaram vendendo-o como escravo. Passaram-se anos e José teve muitos e muitos problemas e desilusões. Depois de treze anos em prisão por um crime que não tinha cometido, Deus o promoveu milagrosamente ao segundo posto mais alto no Egito.

Quando os irmãos de José foram para o Egito e descobriram que suas vidas estavam nas mãos dele, você pode imaginar o medo que se apoderou dos seus corações? Essa era a chance de José se vingar. Porém, José lhes mostrou misericórdia. É possível imaginar por que ele foi tão abençoado pela graça de Deus? José sabia como tratar bem os outros.

Pode ser que algumas pessoas o tenham tratado muito mal, e você tem o direito de estar irado e amargurado. Você pode sentir que alguém lhe tirou toda a vida. Mas se você escolher deixar a mágoa de lado e perdoar-lhes, pode vencer o mal com o bem. Você pode chegar ao ponto de olhar para as pessoas que o feriram e lhes devolver o bem em troca do mal. Se você fizer isso, Deus derramará sua graça na sua vida de uma forma renovada. Ele o honrará; ele o recompensará e corrigirá todos os erros.

DEUS QUER QUE SEU POVO AJUDE A CURAR
OS CORAÇÕES FERIDOS.

Finalmente, sede todos de um mesmo sentimento, compassivos, cheios de amor fraternal, misericordiosos, humildes.
1 PEDRO 3:8

Se alguém [...] vir seu irmão ou próximo em necessidade, e ainda assim fechar seu coração misericordioso para ele, como pode o amor de Deus viver e permanecer nele?

1 João 3:17

Mantenha o Coração Aberto

Aonde quer que você vá, as pessoas estão sofrendo e estão desmotivadas; muitas têm sonhos desfeitos. Elas cometeram erros; suas vidas são pura complicação. Elas precisam sentir a compaixão de Deus e seu amor incondicional. Não precisam que alguém as julgue ou as critique. As pessoas precisam que alguém lhes traga esperança, cura, para mostrar a misericórdia de Deus. Na verdade, procuram um amigo, alguém que esteja presente para incentivá-las e que dediquem tempo a escutar suas histórias, e que verdadeiramente se importe com elas.

Nosso mundo está precisando de pessoas com compaixão, que possam amar incondicionalmente, pessoas que dediquem tempo para ajudar os companheiros neste planeta. Com certeza, quando Deus nos criou, ele pôs seu amor divino em todos os nossos corações. Ele colocou em você o potencial de ter um espírito gentil, cuidadoso, bondoso e amoroso. Como foi criado à imagem de Deus, você tem a capacidade moral de sentir a compaixão de Deus no seu coração.

Se você quiser ter uma vida melhor, deve assegurar-se de manter o coração compassivo aberto. Devemos prestar atenção às pessoas que podemos abençoar. Precisamos da disposição para ser incomodados, se isso significar ajudar o próximo. Você tem a chance de fazer diferença na vida daquela pessoa. Você deve aprender a seguir esse amor. Não o ignore. Aja sobre ele. Alguém precisa do que você tem para dar.

Este mundo está desesperado para provar o amor e compaixão do nosso Deus.

A Compaixão de Jesus

Se você estudar a vida de Jesus, vai descobrir que ele sempre tinha tempo para as pessoas. Ele não mantinha a agenda tão ocupada com seus próprios planos. E não se preocupava tanto consigo; estava sempre disposto a parar e ajudar algum necessitado. Ele poderia ter dito: "Escute, estou ocupado. Tenho compromissos a cumprir". Mas não, Jesus tinha compaixão pelas pessoas. Ele se preocupava com o que elas estavam passando, e com boa vontade dispunha do seu tempo para suprir-lhes necessidades. Ele doava sua vida livremente. Acredito que ele exija o mesmo daqueles que se dizem seus seguidores hoje em dia.

Se você quiser ter uma vida com a abundância divina, deve começar a dedicar tempo para ajudar outras pessoas. Às vezes, se tomássemos tempo só para escutá-las, poderíamos ajudar a começar um processo de cura na vida delas. Tantas pessoas guardam dor em si mesmas. Elas não têm ninguém com quem conversar; não confiam em ninguém. Se você abrir um coração compassivo e for aquele amigo de quem essa pessoa precisa – sem julgar ou condenar – e simplesmente ouvir, você pode ajudar a tirar um peso de suas costas.

Mais do que nosso conselho ou instrução, as pessoas precisam de alguém com quem possam ser honestas, um amigo com quem possam contar. Você se surpreenderá com o impacto positivo que pode causar se você aprender a ser um bom ouvinte.

Aprenda a seguir o fluxo do divino amor de Deus.

E, vendo a multidão, teve grande compaixão deles, porque andavam desgarrados e errantes, como ovelhas que não têm pastor. Então disse aos seus discípulos: "a seara é realmente grande, mas poucos os ceifeiros. Rogai pois ao Senhor da seara que mande ceifeiros para a sua seara."
MATEUS 9:36–38

E Jesus, movido de grande compaixão, estendeu a mão, e tocou-o, e disse-lhe: "quero, sê limpo". E tendo ele dito isso, logo a lepra desapareceu, e ficou limpo.
MARCOS 1:41–42

A ALMA GENEROSA ENGORDARÁ,
E O QUE REGAR TAMBÉM
SERÁ REGADO.
PROVÉRBIOS 11:25

Deus Ama Quem Doa com Alegria

A razão pela qual muitas pessoas não estão crescendo é porque tampouco estão semeando. Elas estão vivendo centradas em si. A menos que mudem seu foco e comecem a se abrir para outros, elas provavelmente continuarão deprimidas emocional, financeira, social e espiritualmente.

Em toda a Bíblia encontramos o princípio do semear e colher. "Tudo o que o homem semear, isso também ceifará" (Gl 6:7). Da mesma forma que um camponês deve semear para obter sua colheita depois, nós também devemos plantar boas sementes nos campos das nossas famílias, carreiras, negócios e relações pessoais. Se quiser colher felicidade, você deve semear algumas sementes de "felicidade" fazendo os outros felizes. Se quiser colher uma bênção nos negócios, você deve semear sementes financeiras na vida dos outros. O que guia é sempre a semente.

No meio de uma grande fome nas terras de Canaã, Isaque fez algo que as pessoas menos perceptivas achariam um pouco estranho. Ele plantou sementes e colheu cem vezes o que havia plantado, porque o Senhor o abençoou (Gn 26:12). Quando teve necessidade, Isaque não ficou sentado esperando que alguém viesse ajudá-lo. Não, ele agiu com fé, e Deus milagrosamente multiplicou a semente.

Talvez hoje você esteja passando por algum tipo de fome. Pode ser uma fome financeira; ou talvez você tenha fome de amigos. Qualquer que seja sua necessidade, semeie e tenha uma enorme colheita.

Em tempos de necessidade, plante uma semente.

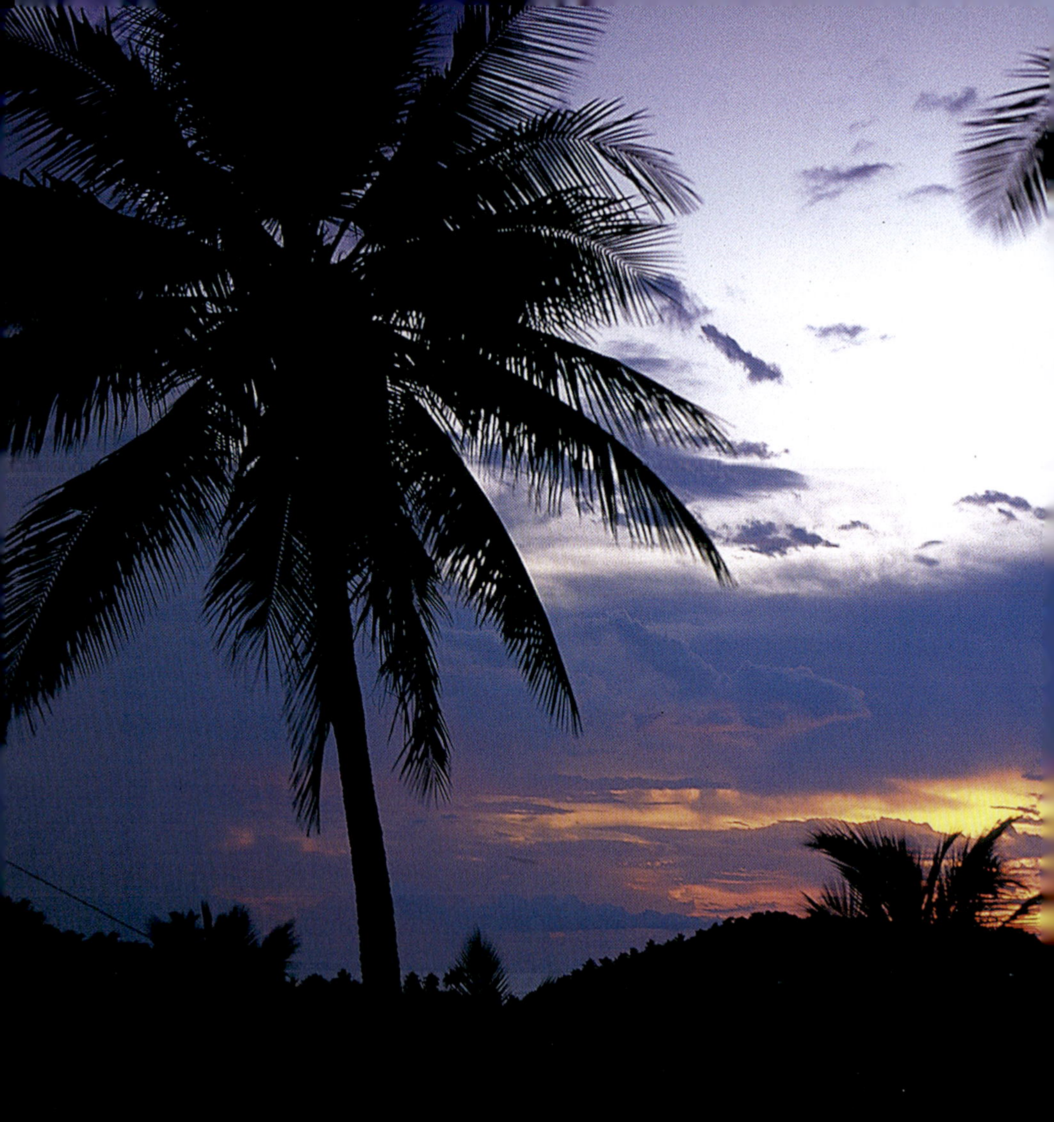

E digo isto: que o que semeia
pouco, pouco também ceifará;
e o que semeia em abundância,
em abundância também ceifará.
Cada um contribua segundo
propôs seu coração: não com
tristeza ou por necessidade;
porque Deus ama ao que
dá com alegria.

2 Coríntios 9:6–7

Doar Chama a Atenção de Deus

Na Bíblia, um romano chamado Cornélio e a família foram os primeiros não-judeus de que se tem notícia a provarem da salvação depois da ressurreição de Jesus. Por que Cornélio foi escolhido para essa honra? Numa visão, Cornélio escutou: "As tuas orações e as tuas esmolas têm subido para memória diante de Deus" (At 10:4). Amigo, não deixe ninguém convencê-lo de que é indiferente doar ou não. Eu não quero dizer que se podem comprar milagres ou que se deva pagar a Deus para conseguir o que você quer. O que digo é que Deus vê suas dádivas e seus atos de bondade. Deus fica feliz quando você doa e, assim, ele lhe concederá sua graça.

Deus guarda um registro de todas as coisas boas que você já fez na vida. Você pode achar que passam despercebidas, mas Deus as viu. Na hora que você passar alguma necessidade, ele fará com que alguém esteja ao seu lado para ajudá-lo. Sua generosidade há de voltar para você. Deus viu cada sorriso que você deu a um sofredor. Ele observou cada vez que você desviou do seu caminho para ajudar alguém. Deus testemunhou as vezes que você doou com sacrifício – até mesmo dando dinheiro de que você precisava para sua família ou para você mesmo. Deus prometeu que sua generosidade retornará para você (Lucas 6:38). Em momentos de necessidade, pela sua generosidade, Deus vai mover céus e terra para garantir que você seja cuidado.

Quando você é generoso com os outros, Deus sempre será generoso com você.

Deus é poderoso para fazer abundar em vós toda a graça, a fim de que tendo sempre, em tudo, toda a suficiência, abundeis em toda a boa obra.

2 CORÍNTIOS 9:8

Lança o teu pão sobre as águas, porque depois de muitos dias o acharás. Reparte com sete, e ainda até com oito, porque não sabes que mal haverá sobre a terra.

ECLESIASTES 11:1–2

ESCOLHA
SER FELIZ

Aprenda a viver um dia de cada vez. Por vontade própria, escolha começar a desfrutar uma vida melhor já. Desfrute tudo na sua vida.

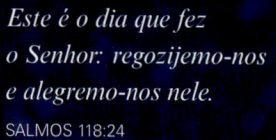

Este é o dia que fez o Senhor: regozijemo-nos e alegremo-nos nele.
SALMOS 118:24

"Deixo-vos a paz, a minha paz vos dou: não vo-la dou como o mundo a dá. Não se turbe o vosso coração nem se atemorize."
JOÃO 14:27

A Felicidade é uma Escolha Sua

É uma verdade simples, porém profunda: a felicidade é uma escolha. Você não precisa esperar que tudo seja perfeito na sua família ou nos negócios. Você não deve adiar a felicidade para quando perder peso, abandonar um vício, ou atingir seus objetivos. O sétimo passo para desfrutar uma vida melhor agora é escolher ser feliz hoje.

Você pode escolher ser feliz e aproveitar a vida! Quando você faz isso, não só se sentirá melhor, mas sua fé fará com que Deus esteja presente e faça maravilhas para você. Para isso, você deve aprender a viver o dia de hoje – um dia de cada vez; melhor ainda: deve aproveitar ao máximo esse momento. É bom estabelecer metas e fazer planos, mas se você sempre viver no futuro, nunca apreciará o presente do modo como Deus quer que o façamos.

Precisamos entender que Deus nos dá a graça para viver o dia de hoje. Ele ainda não nos deu a graça do amanhã, e não devemos nos preocupar por isso. Aprenda a viver um dia de cada vez. Por vontade própria, escolha desfrutar uma vida melhor já. Aprenda a apreciar sua família, seus amigos, sua saúde e seu trabalho; aproveite todas as coisas na sua vida.
A felicidade é uma decisão que se toma, não uma emoção que se sente. Deus nos dá sua paz interior, mas depende de nós obtermos a paz de Deus. A felicidade é uma escolha sua.

A VIDA É CURTA DEMAIS PARA NÃO APROVEITARMOS TODOS OS DIAS.

A Alegria É sua Força

O apóstolo Paulo escreveu mais de metade do Novo Testamento enquanto estava preso, muitas vezes em celas do tamanho de um banheiro pequeno. Alguns historiadores e comentaristas da Bíblia acreditam que o sistema de esgoto daquela época corria exatamente pelo calabouço onde ele estava encarcerado. Paulo, porém, escreveu palavras tão repletas de fé, como: "Posso todas as coisas naquele que me fortalece" (Fp 4:13). E "graças a Deus, que sempre nos faz triunfar" (2Co 2:14) e "regozijai-vos, sempre, no Senhor; outra vez digo: regozijai-vos" (Fp 4:4). Percebam que temos de nos alegrar se quisermos ser felizes o tempo todo. Em época de dificuldades, quando as coisas não acontecem do jeito que você espera, opte pela completa alegria.

Você deve entender que o inimigo não está no encalço de seus sonhos, sua saúde, seu dinheiro. Ele não está no encalço de sua família. Ele quer mesmo sua alegria. A Bíblia diz "a alegria do Senhor é a vossa força" (Ne 8:10), e seu inimigo sabe que ele pode fazê-lo viver deprimido, no fundo do poço, pois assim você não terá a força necessária – física, emocional ou espiritual – para suportar seus ataques.

Quando você se alegra em meio a grandes dificuldades, é como se estivesse dando um soco nos olhos do inimigo. Ele não sabe o que fazer com as pessoas que continuam glorificando a Deus apesar das suas circunstâncias. Escolha desfrutar o máximo de sua vida já.

Aprenda a sorrir e rir. Pare de ser tão rígido e estressado.

O coração alegre aformoseia o rosto [...] e o de coração alegre tem um banquete contínuo.
PROVÉRBIOS 15:13–15

O coração alegre serve de bom remédio, mas o espírito abatido virá a secar os ossos.
PROVÉRBIOS 17:22

Tudo quanto fizerdes, fazei-o de todo o coração, como ao Senhor, e não aos homens. Sabendo que recebereis do Senhor o galardão da herança, porque a Cristo, o Senhor, servis.

Colossenses 3:23–24

Viste a um homem diligente na sua obra? Perante reis será posto: não será posto perante os de baixa sorte.

PROVÉRBIOS 22:29

Seja uma Pessoa Excelente

Para muitas pessoas, a mediocridade é a norma; elas querem fazer o mínimo e ainda assim viver bem. Mas Deus não nos criou para sermos medíocres. Ele não quer que simplesmente sobrevivamos ou que façamos o que todo o mundo está fazendo. Deus nos chamou para sermos pessoas primorosas e íntegras. Na verdade, a única forma de ser realmente feliz é viver com excelência e integridade. Qualquer concessão mancharia nossas maiores vitórias ou nossos maiores logros.

Uma pessoa de mérito e integridade vai um pouco além de fazer apenas o que é certo. Ela mantém sua palavra por mais difícil que seja mantê-la. Uma pessoa excelente dá ao seu patrão um dia repleto de trabalho; não chega tarde nem sai cedo, nem diz que está doente quando não está. Quando seu espírito tem excelência, isso se mostra na qualidade do seu trabalho e na atitude que você tem ao fazê-lo.

O povo de Deus é um povo de excelências. Lembre-se: você representa Deus Todo-Poderoso. A forma como você vive, conduz seus negócios ou realiza seu trabalho é um reflexo no nosso Deus. Se quiser viver melhor sua vida agora, comece a buscar excelências em tudo o que faz. O que quer que façamos, devemos fazer o melhor possível, como se estivéssemos fazendo por Deus. Se trabalharmos com esse padrão em mente, Deus promete recompensar-nos e outros serão atraídos ao nosso Deus.

Concessões sutis da excelência nos afastarão do melhor de Deus.

*"Quem é fiel no mínimo,
também é fiel no muito;
quem é injusto no mínimo,
também é injusto no muito."*
LUCAS 16:10

Apanhai-me as raposas, as raposinhas, que fazem mal às vinhas, porque as nossas vinhas estão em flor.
CANTARES DE SALOMÃO 2:15

Seja uma Pessoa Íntegra

Deus quer que sejamos pessoas íntegras, honradas e confiáveis. Uma pessoa íntegra é aberta, honesta e verdadeira com sua palavra. Não possui motivos ocultos ou dissimulados. Ela não precisa de um contrato legal que a force a cumprir seus compromissos. Pessoas íntegras são as mesmas em público ou em casa. Elas fazem o que é certo, haja alguém observando ou não.

Se não tiver integridade, você nunca chegará ao seu potencial mais alto. Integridade é a base sobre a qual se constrói uma vida de sucesso verdadeiro. Toda vez que você aceita algo menor, toda vez que você é pouco honesto, essa base vai rachando. Se você continuar a fazer concessões, essa base nunca será capaz de sustentar o que Deus quer construir. Você nunca terá prosperidade duradoura se, antes, não tiver integridade. Você pode desfrutar um sucesso temporário, mas nunca verá a imensidão da graça de Deus se não tomar o caminho mais elevado e fizer escolhas íntegras. Por outro lado, as bênçãos de Deus cairão sobre nós só se aceitarmos uma vida com integridade.

Deus só vai confiar em nós no muito se formos fiéis no pouco. Lembrem-se, nossa vida é um livro aberto perante Deus. Ele vê nosso coração e nossas motivações. Não há limite para o que Deus pode fazer na sua vida se ele souber que pode confiar em você.

Esteja disposto a pagar o preço que for para fazer o que é certo.

"Se quiserdes, e ouvirdes, comereis o bem desta terra."

Isaías 1:19

"Quem crê em mim, como diz a Escritura, rios d'água viva correrão do seu ventre."

JOÃO 7:38

Nunca Subestime Deus

Viver o melhor da vida já é viver com ânimo e entusiasmar-se com a vida que Deus lhe deu. É acreditar que há mais nos dias vindouros, mas também é viver o momento e desfrutá-lo ao máximo!

Não sejamos ingênuos. As pressões, tensões e correrias da vida moderna constantemente ameaçam minguar nosso entusiasmo. Você certamente conhece pessoas que perderam a paixão pela vida. Perderam o sumo da vida. Antes se entusiasmavam com o futuro, mas perderam o ânimo.

A palavra "entusiasmo" provém de duas palavras gregas, *en theos*, que significa "inspirado por Deus". Uma das principais razões de perder nosso entusiasmo na vida é porque começamos a não prestar atenção no que Deus fez por nós. Habituamo-nos à sua bondade; e ela se torna rotineira.

Não subestime o maior presente que Deus lhe deu – ele se deu a si mesmo! Não permita que sua relação com ele amoleça ou que sua admiração pela sua bondade se torne algo corriqueiro. Precisamos nos entusiasmar, reabastecendo-nos com as dádivas de Deus todos os dias. Como o povo israelita no deserto, que teve de juntar as provisões milagrosas de maná que Deus lhes dava todas as manhãs, nós também não podemos viver do que tivemos ontem. Precisamos de entusiasmo renovado todos os dias. Nossa vida precisa ser inspirada, infundida, renovada com a bondade de Deus todos os dias.

Esteja sempre cheio de esperança.

Uma Vida Melhor Já!

O povo de Deus deveria ser o mais feliz na face da Terra! Tão feliz que outras pessoas pudessem percebê-lo. Por quê? Porque não só temos um futuro fabuloso senão que podemos desfrutar a vida hoje! É disso que se trata viver, já, uma vida melhor.

Não se deixe apenas levar pela vida. Tome a decisão de não mais viver um só dia sem a alegria de Deus na sua vida; nem sem amor, paz e paixão; nem sem entusiasmo. E saiba que não precisa de que algo extraordinário aconteça para ter entusiasmo. Você pode não ter um emprego perfeito, ou um casamento perfeito; pode até ser que não more num lugar perfeito, mas ainda assim pode escolher viver cada dia com alegria na presença de Deus.

Amigo, se você quer ver a graça de Deus, faça tudo com o coração pleno. Faça-o com paixão e entusiasmo. Dê tudo de si. Você não só se sentirá melhor mas esse entusiasmo vai se espalhar e logo outras pessoas desejarão sentir o que você sente. Onde quer que esteja, faça o melhor e seja o melhor que puder ser.

Aumente sua expectativa. É sua fé que ativa o poder de Deus. Paremos de limitá-lo com pensamentos pequenos e comecemos a acreditar nele para coisas maiores e melhores. Deus vai levá-lo a lugares com os quais nunca sonhou e você viverá uma vida melhor já.

ENTUSIASME-SE VENDO SEUS SONHOS
SE TORNAREM REALIDADE.

Não sejais vagarosos no cuidado: sede fervorosos no espírito, servindo ao Senhor.
ROMANOS 12:11

Por cujo motivo te lembro que despertes o dom de Deus que existe em ti,
2 TIMÓTEO 1:6

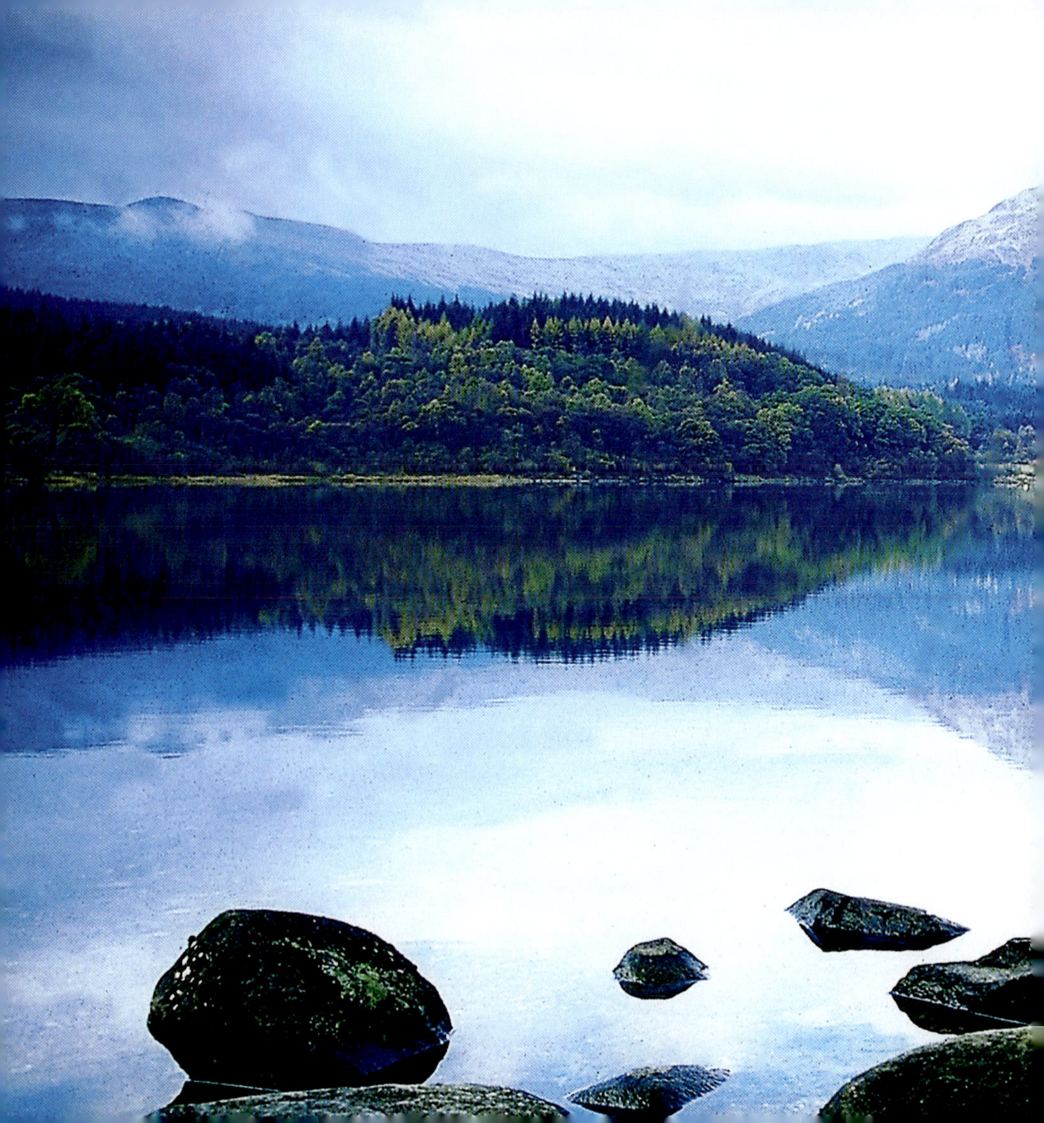

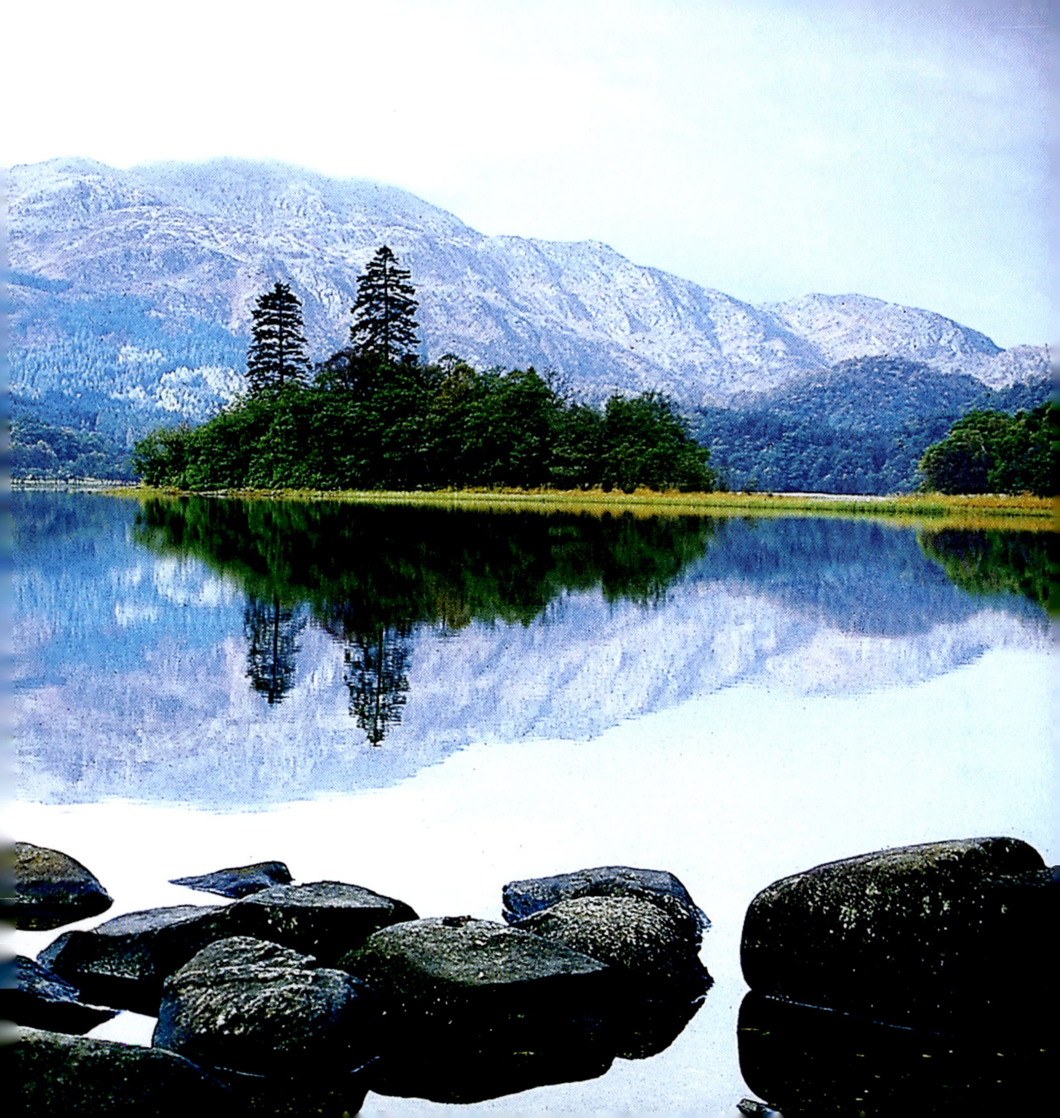

SÓ DEPENDE DE VOCÊ
foi impresso em São Paulo/SP, pela Gráfica Araguaia, para a Larousse do Brasil, em agosto de 2010.